TOP SCHOOL!

Diretor Superintendente: Jorge Yunes
Diretora Editorial Adjunta: Silvia Tocci Masini
Editores: Cristiane Maruyama, Marcelo Yamashita Salles
Editora Júnior: Nilce Xavier
Revisão: Albertina Pereira Leite Piva
Produtora Editorial: Solange Reis
Coordenação de Arte: Márcia Matos
Estagiária de Arte: Camila Simonetti
Diagramação e capa: Ana Dobón

Dados Internacionais de Catalogação na Publicação (CIP)
(Câmara Brasileira do Livro, SP, Brasil)

Brandão, Toni
Top school! 1 Seleção Natural / Toni Brandão. --
São Paulo: Companhia Editora Nacional, 2014.

ISBN 978-85-04-01892-9
1. Ficção - Literatura juvenil I. Título.

14-01212 CDD-028.5

Índices para catálogo sistemático:
1. Ficção : Literatura juvenil 028.5

Esta é uma obra de ficção. Qualquer semelhança com nomes, lugares ou acontecimentos reais terá sido mera coincidência.

1ª edição - São Paulo - 2014

Companhia Editora Nacional

CÓPIA NÃO AUTORIZADA É CRIME
ABDR
RESPEITE O DIREITO AUTORAL
EDITORA AFILIADA

Av. Alexandre Mackenzie, 619 - Jaguaré

São Paulo - SP - 05322-000 - Brasil - Tel: (11) 2799-7799
www.editoranacional.com.br / editoras@editoranacional.com.br
CTP, Impressão e acabamento IBEP Gráfica

TOP SCHOOL! 1

Seleção Natural

Toni Brandão

Companhia Editora Nacional

Seleção Natural

Que fila é essa dobrando a esquina? E a outra esquina? E a outra também? E que está criando um animado caracol pop multicolorido, conectado e globalizado em torno de um dos quarteirões mais agitados do centro de uma das maiores cidades do mundo?

O que quer essa galera radical e dona de uma beleza feroz? Assistir ao novo filme do vampiro? Comprar ingressos para o show do ídolo teen da temporada? Fazer testes pra dançar na turnê da Rainha do Pop?

Que nada! Eles estão atrás do seu próprio brilho, para tentar se apropriar o mais rápido possível de seus prometidos quinze megabites de fama!

Traduzindo: a fila pop-globalizada é para a "seleção natural" dos novos alunos e alunas para o curso da Top School!, uma das mais badaladas escolas de modelos do mundo, que prepara as garotas e os garotos mais bonitões, atrevidos e descolados para o concurso "Beleza Feroz"; que transformará belos e belas em feras que vão brilhar em passarelas, fotos, capas de revistas... e onde mais seus dotes físicos e talentos permitirem.

São jovens com todos os tipos de beleza. Mais espertos que seus smartphones e seus tablets. Digitalizados. Musicais. Sustentáveis. Conectados ao mundo e aos seus universos particulares com telas digitais de todos os tamanhos, formatos e possibilidades de conexões.

Mas passar nessa seleção não será nada fácil! Como diz Antônia, a dona da escola: "Quem quiser brilhar no (maravilhoso) mundo da moda terá que ralar!".

1

Tsunami. Terremoto. Avalanche. Invasão extraterrestre. Destruição ambiental. Fúria de torcida desorganizada de futebol. Três provas na segunda-feira, independentemente das matérias que sejam... Cada um dá o nome que quer para o que se vê no quarto de Alice. A melhor definição, por enquanto, é a do irmão dela.

– Que bagunça!

Por bagunça entenda-se todo o arsenal multicolorido, multimarcas e multiformas de roupas feitas para arrasar, calçados de pisar em corações, acessórios espertíssimos, maquiagem capaz de deixar lindo até o crânio de estimação do príncipe Hamlet... Tudo isso estava no armário, nas gavetas,

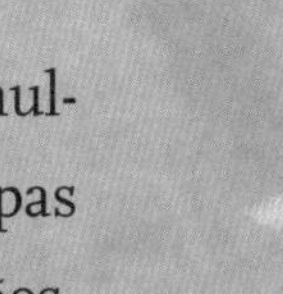

no armarinho do banheiro, no baú de coleção de esmaltes e nas trocentas caixas de maquiagem do pequeno quarto da garota.

– Dá o fora!

É o oitavo "dá o fora" em menos de um minuto. E nada do garoto se tocar.

– Eu já tô atrasada...

Alice não está atrasada. Ela só não gosta de se atrasar.

– ... e ainda preciso encontrar a melhor tradução para mim mesma.

– Essa parte é fácil: é só tirar uma foto dessa bagunça, que todo mundo vai saber quem você é.

Não tem nada de provocação na maneira como Tutu fala. É brincadeira. E Alice ri. Com seu enigmático e brilhante sorriso de dentes estupidamente brancos. Com seu estonteante par de olhos verdes. Com seu corpo magro, alto e de pele bronzeada. E com a sua contagiante simpatia.

Por falar em simpatia, nesse momento, o simpático crânio da mãe de Alice aparece em um canto do batente da porta aberta, como se ela fosse só isso, uma cabeça de cabelos loiros curtos, sem corpo, e andasse deslizando pelos batentes das portas do apartamento.

– Pare de incomodar sua irmã, Tutu. Hoje é um dia importante.

– Ele não tá me incomodando, mãe.

Nem o próprio Tutu entende a reação de Alice. *Proteção?* Pode ser.

– Eu já venho ajudar você, filha.

E lá se vai o crânio deslizante.

– Agora, dá o fora, vai, Tutu.

Quem é que entende as garotas?

– Não sei por que você vai pagar esse mico, Alice...

Por mico, entenda-se fazer testes para entrar na Top School!

– ... o que você quer provar? E pra quem?

– Eu não me meto na sua vida.

– Porque não quer.

– Não, irmãozinho, é pra você não se meter na minha.

– Pra que se matricular nessa escola ridícula?

Abrindo seu mais enigmático sorriso, Alice só diz...

– Quer mesmo saber? Então, baby, siga Alice!

... o que deixa Tutu desconfortavelmente intrigado. Mas essa sensação de desconforto dura pouco. Ele é chamado a ajudar:

– Esta ou esta, Tutu?

O dilema de Alice são duas camisetas exatamente iguais, com um ponto de interrogação de led prateado pipocando na altura do busto, só que uma é vermelha e a outra é preta.

– A preta.

– Vou com a vermelha.

Tutu se irrita!

– Quer saber? Fui.

Os últimos caracóis dos cabelos de Tutu ainda estão por perto quando a outra cabeça simpática deixa de ser só um crânio deslizante e entra no quarto junto com o corpo da mãe de Alice.

– Pensando bem, o Tutu tem razão. Vou com a preta. Por que será que esse pirralho sempre tem razão?

– Você não vai "assim", vai?

"Assim", no caso, quer dizer: tênis baixo de lona branca, calça skinny branca e a camiseta preta e justa pela qual Alice acaba de optar.

– Por que não?

Ah!... E os cabelos loiros de Alice estão amarrados em um estrategicamente desleixado rabo de cavalo.

– Tá muito simples, filha.

Sabendo muito bem que o corpo e todo o conjunto que formam o que ela é jamais serão ignorados ou desdenhados por causa da roupa que estiver usando, Alice sorri para a mãe.

– Por acaso eu tô feia?

– Claro que não. Mas pense, filha: aonde você está indo?

Fazer um teste pra entrar na escola de modelos mais badalada do mundo fashion.

– E quem você vai encontrar pela frente?

As garotas mais bonitas que querem fazer parte desse mundo.

– Mãe, você sabe muito bem que não é a roupa que vou usar que vai mostrar pra dona da escola se sirvo ou não, não sabe?

O silêncio da mãe de Alice significa que ela sabe, sim. Silêncio bem curto!

– Tá bom. Mas então posso tentar falar com você, mais uma vez, sobre "aquele" assunto?

Claro que Alice sabe do que a mãe está falando.

– Mãe, eu e o Richard...

– Eu prometi pra ele que ia tentar.

– ... acabou, mãe. Já faz quase um mês.

– Um menino tão bom, filha!

Fingindo procurar alguém pelo quarto, Alice quer saber...

– Alguém viu a minha mãe por aí?

A garota está certa. Parece mais que Alice está falando com uma amiga que tem opinião diferente do que com sua mãe.

– Estou aqui. E sei exatamente por que estou falando isso. O garoto é educado, de boa família... e lindo.

– Só que ele não tá nem aí pra mim. Você devia me entender.

– Eu juro que tento entender, filha, mas não consigo. Você é muito exigente.

– Querer o mínimo de atenção e compreensão é ser muito exigente? O Richard tem um ego maior do que o da Madonna, quer chamar mais a atenção do que a Lady Gaga e é mais imaturo do que deve ser o Justin Bieber...

A conversa deixou Alice realmente incomodada.

– ... quer saber? Tchau!

– Como assim "tchau", Alice?

– Eu vou de ônibus... de metrô... sei lá.

– E desde quando você tem idade pra andar sozinha pela cidade?

– Tá legal. Mas põe uma coisa na cabeça: o Richard morreu pra mim.

– Depois não venha chorar as suas belas lágrimas...

Para descontar o desagrado ou, quem sabe, para fechar com chave de ouro sua participação especial, a mãe de Alice fala com mais tom de mãe do que de amiga.

– ... e na volta, mocinha, trate de colocar ordem nesse caos que você está deixando pra trás.

– Tá bom!

E Alice sai do quarto com a mãe, ainda tentando domar a fúria que a deixa ainda mais bonita e sem perceber o que está deixando para trás, além da bagunça que terá que arrumar na volta.

Pobre Alice!

Garotos em alta definição sobre rodas de aço tatuando o asfalto. E com nervos de aço, para se equilibrar sobre as pranchas dos skates, fazer manobras e ainda ter de se proteger dos ciclistas e pedestres do parque.

– Cabrero, Ben!

Garotos com tênis detonados. Cachos dourados eletrizados e carecas raspadas com máquina zero e máquina dois. Suor perfumado. Braços magros e compridos camuflados com algumas tatuagens. Pernas finas camufladas nas bermudas largas cheias de bolsos.

– Manobra casca, Igor!

Garotos com camisetas importadas, made in China, socadas esquizofrenicamente nas cinturas. Fones de ouvido gigantes para garantir os graves. Boca quase sempre fechada para esconder os últimos agudos da voz.

– Tomou a maior vaca, Yong.

Meias brancas limpíssimas e que não combinam nada com o pseudodesleixo dos três garotos.

– Cabrero, Ben!

Do que se trata? Videoclipe de banda de rock? Negativo. Trata-se de Ben, Igor e Yong Li tirando o máximo proveito de sua difícil vida fácil de garotões globalizados que nasceram do lado confortável da história.

Os cachos quase loiros são de Ben. A careca ruiva máquina dois é de Igor. A careca máquina zero, de Yong. Na careca de Yong, no meio da nuca, o nome dele está escrito em chinês.

– Parou a *session*...

Quem confere o relógio do celular e interrompe a brincadeira é Ben.

– ... tá na minha hora. E eu ainda tenho que tomar banho antes de ir.

Quem reduz o aviso focando só no próprio enredo é Ben. Enquanto estaciona os fones no pescoço, o garoto percebe que Igor e Yong não parecem muito dispostos a abrir mão de uma das últimas manhãs ensolaradas de férias do colégio.

Ben quer saber...

– Desistiram?

Yong olha para Igor. Igor olha para as rodas do skate. E Ben...

– Desistiram.

– Sabe o que é, Ben...

É Igor o primeiro a tentar se defender. Sempre que o garoto começa suas frases com essas quatro palavras – “sabe”, “o”, “que” e “é” –, é porque quer ganhar tempo.

– ... eu troquei uma ideia com o Yong...

Não precisaria de mais nenhuma palavra. Ben já entendeu tudo.

– Tô ligado!

– Quer falar você, Yong?

– Fala você mesmo.

Igor e Ben já estão acostumados ao estranho jeito rápido de falar de Yong: como se, enquanto falasse, o garoto estivesse sempre tendo que pular para dentro de um trem em alta velocidade.

– Esse papo de escola de modelo, cara...

– O que é que tem?

– Não sei, não.

– Não sabe o quê?

Fica difícil para Igor manter a segurança com a qual começou a falar.

– Tô achando perda de tempo.

– Como assim?

Nem seria preciso a surpresa nos olhos verdes arregalados de Ben. Não foram poucas as vezes em que Ben deixou de sair com Igor e Yong, para andar de skate, jogar bola ou videogame, para "perder tempo" fazendo uma ponta em um comercial de televisão ou fotos de publicidade para uma revista pouco conhecida ou mesmo desfilando para alguma marca de camisetas ainda mais desconhecida.

– Fala sério...

E mesmo sendo só figuração na TV, tirar fotos

que pouca gente veria ou desfilar no salão de uma loja de um bairro industrial e não em uma passarela do Fashion Week... mesmo com essas pequenas participações, Ben sempre voltou com mais gatas querendo ser suas amigas no Face, mais tigresas seguindo-o no twitter e, o que ele sempre achou melhor, mais alguns trocados para ajudar na precária mesada, que nunca dá para nada.

– ... vocês acham que eu entraria nessa se fosse pra perder tempo?

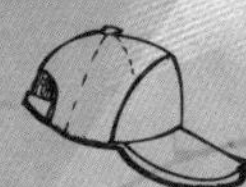

– Mas você já é do meio.

– Sou nada, cara.

– Você tá toda hora aparecendo na televisão.

– Se liga! Que toda hora? Só fiz três pontinhas em comerciais até agora.

– Mas já fez.

– Nessa escola de modelos, cara, além de ser um lugar aonde vão todos os produtores, *bookers* e outros caras que procuram os rostos novos pra ser modelos, tem aquele lance do concurso...

Pelo que Ben acabou de dizer, entenda-se o concurso “Fierce Beauty”, mais conhecido no Brasil, entre a galera, como “Beleza Feroz”, que acontece ao final do curso e escolhe o casal que vai representar o Brasil em outro concurso, durante o Fashion World, em Nova York.

– Eu fiz uma busca: sabiam que, nos últimos três anos, foram os caras e as meninas da Top School! que ganharam o Fashion World?

Não, Igor e tampouco Yong não faziam a menor ideia disso. Mas Ben não terminou.

– ... E o Fashion World, além de tudo, tem prêmio em dinheiro.

A palavra mágica "dinheiro" faz os olhos esticados de Yong se arregalarem.

– Muito dinheiro?

– Muito dinheiro, cara.

– Quanto é muito dinheiro?

– Se você guardar até os dezoito, na poupança, dá pra comprar uma moto.

Mais uma palavra mágica: moto. Os três querem que seu primeiro veículo seja uma motocicleta.

– Sabe o que é...

Agora, essa frase feita de Igor tem outra função: ajudar a transformar em uma frase menos comprometedora o que ele gostaria de dizer, mas não tem coragem. Igor acha que Ben é muito mais bonitão do que ele, Yong e os outros garotos que ele conhece... juntos.

– ... pra você, as coisas são mais fáceis, Ben.

É, seria uma injustiça Ben dizer que leva uma vida difícil.

– Tudo bem, eu tenho um tipo de beleza diferente da sua beleza e da beleza do Yong...

Pelo visto, Ben não tem os mesmos temores de Igor!

– ... mas cada um é cada um.

– Mais ou menos.

– Eu ouvi de uma *booker* que tem lugar para todos os tipos de beleza.

Depois de um silêncio de uns sete segundos...

– E tem outra coisa, Ben...

– Diz aí?

– Esse papo de modelo... fotos... de desfile... meu primo falou que tem muitos gays e...

O que interrompe Igor é a gargalhada de Ben. Gargalhada de quem achou o que ouviu o absurdo dos absurdos. Gargalhada de quem faz questão de mostrar o quanto seus dentes são perfeitos.

– Olha bem pra mim, Igor...

Igor já estava olhando.

– ... você tá vendo algum gay em mim?

Igor olha para Yong. Yong olha para as rodinhas de aço do skate.

O dia amanheceu estranho para a garota indiana. O céu. A água. O ar. O espelho. O rosto que ela vê no espelho. Os muitos rostos que ela vê se multiplicando e se espalhando pelo espelho a partir do rosto que ela sempre entendeu como sendo seu.

Como se o espelho fosse uma máquina de efeitos especiais capaz de transformar em imagens o quanto a garota indiana está confusa. Fracionada. Dividida. E sem saber o que fazer.

As cores que passam pelo confuso dia dela também estão estranhas. Assustam. Machucam. Algumas emocionam a ponto de fazer chorar.

E não só as cores da henna que ela usa para pintar a gota, o bindi, no alto da testa. As cores das frutas, seu único café da manhã. As cores das sandálias verdes e baixas com tiras que sobem pelas canelas que ela resolveu usar. Ou as cores de todos os sáris, a roupa mais comum entre as mulheres e meninas indianas, que ela experimentou até escolher o azul com flores douradas.

Os sons que a garota indiana ouve também estão totalmente fora do registro a que ela está acostumada. Mais profundos. Mais metálicos. Com mais detalhes. E mesmo sem muito volume, ensurdecedores. Os sons da rua. Os rosnados e protestos dos cachorros no pet shop de sua família, que fica ao lado de sua casa. Tudo soa estranho.

– Que susto, menina!

Quem se assustou foi a grisalha e miúda Dona Aparecida, a empregada da casa, que, nesse momento, está no quartinho dos fundos, sentada atrás de uma máquina de costura.

– Sus-sus... to?

A reação assustada da garota, em relação ao susto que ela mesma causou, deixa Dona Aparecida intrigada.

– Parecia que não era você que estava aí.

De alguma maneira, a garota indiana sente um alívio com o que acaba de ouvir.

– Como é que está ficando, Dona Aparecida?

O que a garota indiana quer saber é como está ficando a calça jeans detonada que Dona Aparecida está reformando, abrindo as costuras e preenchendo os espaços que ficam com um tecido plástico vermelho e cintilante.

– A calça vai ficar linda!

Dona Aparecida e a garota indiana formam uma dupla: a garota tem as ideias para transformar as roupas, e Dona Aparecida, que já foi costureira, reforma e dá forma a essas ideias.

– Você quer experimentar agora?

– Na volta, Dona Aparecida.

– Volta?

Pela pergunta, não é comum a garota indiana estar de saída naquele horário. A demora dela em responder faz a curiosidade animar o brilho dos olhos de Dona Aparecida – ainda mais sendo uma resposta que não diz o que ela quer saber.

– Na volta eu experimento.

Enciumada por ter sido excluída, seja lá do que for, Dona Aparecida resmunga...

– Você é quem sabe!

– Obrigada, viu?

– Se o meu pai ligar...

Ela não sabe como terminar a frase

– ... esquece!

Antes de sair do quartinho de costura, a garota indiana dá um beijo na testa de Dona Aparecida.

– Toma cuidado, menina!

Os olhos negros feito jabuticaba da garota indiana se assustam com o que ela acaba de ouvir.

– Cuidado?

Agora é a vez de Dona Aparecida deixar a garota indiana no ar e só responder um vago...

– É sempre bom tomar cuidado.

E a garota indiana sai em direção ao seu estranho dia.

– Você está errada, filha...

A filha que aparentemente está errada é Mia.

– Você sempre acha que eu tô errada.

E no que Mia está errada?

– ... esse vestido tem problemas...

O vestido que aparentemente tem problemas é estrategicamente branco, relativamente curto, suspenso por alças transparentes e estampado com minigirassóis bordados, como se fosse uma pequena tela de Van Gogh.

– Não é preciso "tudo isso"...

Apesar de ter sido considerado errado pela mãe de Mia, o vestido ajuda a potencializar o contraste entre a pele clara, mas bronzeada, os olhos azuis e os cabelos dourados da garota.

– Não dá para chamar de "tudo isso" esse vestidinho básico, mãe.

Mia e a mãe estão certas. E as duas estão erradas. Mesmo não tendo nada de básico no tal "vestidinho", não dá para dizer também que ele seja "tudo isso". Especialmente se a pessoa tiver tempo – e for autorizada! – para vasculhar o quilométrico armário de roupas de Mia. Armário rigorosamente arrumado e estrategicamente trancado a sete chaves e duzentas fechaduras.

Quem for condecorado com tamanho privilégio encontrará roupas bem menos básicas e muito mais "tudo isso" do que se possa imaginar.

– Tudo bem, Mia. Mas quanto mais básica você estiver, melhor vai ser. Vai por mim!

Mia entende muito bem o que a mãe quis dizer com "Vai por mim!": sua mãe, Eva Berg, que já foi uma modelo famosa, entende muito mais desse assunto do que ela, Mia, que está apenas querendo entrar na Top School!.

– Será que, pelo menos dessa vez, dá para você deixar eu fazer as coisas do meu jeito, mãe?

– E por que eu faria isso justamente agora?

Essa é apenas mais uma das perguntas desconcertantes que a mãe de Mia costuma fazer, e que a garota não tem a menor ideia de como responder.

– Será que daria pra traduzir?

– Se você vive dizendo que eu me meto demais em todos os assuntos adolescentes...

– E se mete mesmo! Já faz um tempão que você foi adolescente e...

– Não precisa ofender, Mia! Bem, se vivo "me intrometendo" em sua vida, por que eu não me intrometeria "nesse assunto", que domino mais do que os outros, hein?

É com uma sonora gargalhada que Mia interage com o que acaba de ouvir...

– Só rindo mesmo, não é, mãe?

... e se joga nos braços da mãe para um abraço.

– Pena que eu não posso dizer o mesmo.

– Por quê?

Abraço muito bem recebido e retribuído, diga-se de passagem!

– Você me chamou de velha.

– Eu não disse isso. E em relação a mim, *sorry*!, você sempre vai ser mais velha... ou não?

– Tudo bem, mas você vai seguir o meu...

– Palpite!

A mãe de Mia rebate a ironia com determinação.

– ... a minha amorosa sugestão?

– Vou pensar!

– Você tem cinco segundos para pensar. Antes de deixar você na escola, temos que passar na casa da sua avó.

– Tá legal.

– E não se esqueça de pegar o comprovante de inscrição.

Cinco segundos depois, Mia está sentada no carro, ao lado da mãe, dentro de uma calça skinny branca, uma camiseta preta também justa com um ponto de interrogação de led prateado piscando na altura do peito e calçando um par de tênis de lona branca.

– Ficou ótima, filha!

– Grande novidade!

– Ótima! E pretensiosa!

– Obrigada, mãe...

Mia avança sobre a mãe, aperta-a em um abraço e tasca um beijo vermelho na bochecha direita.

– Assim vou bater o carro, Mia!

Um cachorro latindo dentro da bolsa de Mia faz com que ela desgrude da mãe. Um estranho desgrudar, na verdade. É como se ela tivesse sido pega fazendo alguma coisa errada. E ela nem fez nada. Ou fez?

– Desculpe, mãe.

A reação de Mia confunde a mãe. Por que esse pedido de desculpas? Pelo abraço? Ou será antecipação de algo que ainda vai acontecer? Agora, além de latir, o cachorro também rosna. O pedido de desculpas confundiu também a própria Mia.

– Você não vai atender o telefone?

O pouco que a mãe de Mia consegue ver pelo canto do olho direito mostra que tem algo errado com a filha. É como se toda a alegria que Mia irradia, que, junto com sua beleza e seu bom humor, é a marca registrada dela, tivesse evaporado e sido sugada por uma nuvem de chumbo carregada e pronta para desabar sobre a cabeça da garota.

– Não sei...

Se a voz de Mia estava estranha ao mostrar sua dúvida...

– É melhor você atender.

... a maneira fria e impositiva como a mãe dela interage com essa resposta que nada responde não tem nada de sugestão amorosa. Parece que a mãe de Mia quer enjaular a insegurança que percebeu.

– Alô?

– *Pensei que você não fosse me atender.*

Mesmo que o garoto do outro lado da linha tenha usado palavras e frases da linguagem humana, a primeira frase que Mia escuta, para ela, continua tendo muito mais a ver com os latidos do ringtone que ela escolheu para identificar as chamadas do namorado.

– Tudo bem?

– *Você tá indo, né?*

A segunda frase do outro lado da linha é curta, mas continua no mesmo espírito do ringtone, inclusive com os rosnados.

– Não posso falar agora.

– Se você for mesmo atrás dessa porcaria de escola de modelos, nunca mais fala comigo.

O garoto está muito nervoso. Nervoso e bravo.

– Ai, que dramático!

–Você não tá entendendo o que a sua mãe tá fazendo com você?

Mia está se sentindo acuada demais entre o olhar de raio X da mãe e as frases digitalizadas pelo sinal da antena que capta a bronca do namorado. Talvez seja por isso que ela não consegue dizer alguma coisa inteligente, bem-humorada ou carinhosa.

– Depois a gente se fala.

– Você vai deixar a sua mãe escolher até a sua profissão?

– Eu já disse que não dá pra falar.

– Não faz essa besteira, Mia!

– Tchau, Richard. Depois nós nos falamos.

– Se você for, não vai ter depois.

Impossível Mia não perceber que o garoto está falando sério.

– Como assim?

– Você escolhe: a Top School! ou eu.

2

Resumindo-se no Twitter.

#porque eu sou a melhor.

Detalhando-se no Face.

#porque a top Mina Braz não vai ser jovem e bonita pra sempre.

Postando caras e bocas no Instagram.

#tá bom, "bonita" ela até pode ser pra sempre!

O tempo todo Malu está fazendo "Caras & Bocas" e tentando "viralizar" "Fatos & Fofocas" (tudo em volta dela vira título para revistas de famosos!) que alimentem o projeto da celebridade que ela está disposta a ser.

#bj, Mina, te amo.

É assim que funciona: Malu parte do princípio de que seus ídolos terão com ela a mesma intimidade que a garota sabe que não tem com eles. Sabe e parece não ligar a mínima para essa desconexão entre a fantasia e a realidade.

#é por isso que a Top School! precisa de mim!

Mas como até hoje nem a Mina Braz, nem ninguém nunca reclamou, Malu continua postando recados públicos para os astros mundiais de que ela mais gosta como se eles estivessem ali do lado, com os dedos formigando sobre teclados físicos ou virtuais, só esperando essa mensagem pública dela para responder em particular.

– Ótimo!

Essa interjeição de deslumbramento que interrompe as postagens de Malu vem de sua assessora de imprensa.

– Nesse momento, "ótimo" quer dizer...?

Além de Malu e da assessora de imprensa, fazem parte do "kit Malu" para participar da seleção da Top School! uma camareira, um maquiador/cabeleireiro, o Mac-Kabeleireiro! (porque o cachê não dava para contratar os dois em separado), o motorista da van...

#desdobrando-se também no papel de segurança de plantão!

... e, é claro, a animada mãe de Malu. E é ela quem pergunta à assessora de imprensa o que aquele "ótimo!" queria dizer.

– Estou vendo, pelo localizador do Face, que a jornalista que está fazendo a reportagem sobre os testes da Top School! estudou comigo na faculdade. Ela trabalha para aquela revista de moda...

Malu nem espera a assessora completar, tamanha a sua empolgação. Mesmo tão empolgada como está, Malu não consegue abandonar o tom de voz de quem está acostumada a mandar.

– Ainda bem que você "finalmente" conhece alguém influente.

O que Malu quer dizer exatamente com essa frase é que a garota acha que o pai dela já está pagando pelo trabalho da assessora de imprensa há tempo demais para #NUNCA ter saído #NADA sobre Malu #EMLUGARNENHUM.

Engolindo em seco o que acaba de ouvir, a assessora de imprensa estampa um sorriso amarelo nos lábios irritados.

– Vou ligar para ela.

A camareira e o Mac-Kabeleireiro!, que fizeram questão de se sentar juntos e o mais longe possível da "contratante"...

#que menina arrogante!

(afinal, o Mac-Kabeleireiro! também tem twitter!)

... sussurram.

A camareira é a pessoa mais magra, baixinha e com cara de brava que se possa imaginar. O Mac--Kabeleireiro!, além de mega-alto e ultramagro, tem os cabelos espetados e pintados com as cores do arco-íris.

– Quem ela pensa que é? A Cleópatra?

O comentário do Mac-Kabeleireiro! é porque Malu faz questão de usar uma roupa diferente para cada fase do teste: entrevista, passarela, foto, dança... e tem um filme em que a atriz Elizabeth Taylor faz o papel de Cleópatra e muda de roupa várias vezes em uma única cena. É por causa desse verdadeiro desfile de moda que Malu pretende fazer que a microcamareira foi contratada.

– E essa mãe? Não vai pôr limites nessa menina?

– Tô achando que não, viu.

A camareira está certa. A empolgação da mãe de Malu é enorme, até maior do que a da filha.

– Malu, minha princesa, assim que nós entrarmos...

– "Nós" quem, Mami?

É a terceira vez que Malu tenta excluir a mãe de entrar na escola com o seu "staff real". Claro que todo mundo na van já percebeu isso, inclusive a própria mãe.

– Você acha que vou ficar na van, esperando o dia inteiro? Isso pode demorar...

– Vai demorar, sim. E eu já pensei em tudo, Mami. Eu desço com a minha produção...

#que menina arrogante!

– ... o motorista leva você pra comprar umas roupitchas no shopping e, quando tudo tiver acabado, eu ligo e vocês vêm nos buscar, que tal?

Malu tenta dar o tom mais simpático para o que acaba de dizer, como se estivesse pensando no conforto da mãe a cada palavra.

– Então tá, M a l u...

É o que responde a mãe de Malu, murchando tristemente a cada palavra.

– Não se esqueça de comprar um presentitcho bem caro pra mim, hein, Mami?

Voltando aos sussurros da microcamareira e do Mac-Kabeleireiro! multicolorido:

– Não tô acreditando no que tô vendo, gente!

A maneira premeditadamente simpática como Malu falou com a mãe não engana ninguém.

– A família arma esse circo todo pra menina e ela tá rejeitando a mãe? Tá parecendo novela!

– Será que é porque a mãe dela é gorda?

Assim como o pai, a mãe de Malu tem obesidade mórbida. Os dois estão, inclusive, preparando-se para fazer cirurgia para redução de estômago.

– Claro que é!

A confirmação da camareira de que sua hipótese estaria certa só deixa o Mac-Kabeleireiro! mais indignado...

– Que menina é essa, gente? Tomara que ela não passe no teste.

– Não sei, não. Ela é linda...

Realmente os traços finos, os lábios rosados, a pele clara, os cabelos longos, encaracolados e castanhos e os olhos negros de Malu formam um conjunto bem interessante; ainda mais com a maquiagem reforçando o contorno dos olhos e o limite dos lábios.

– Tô achando ela horrível!

– Mas tem atitude! O que existe de gente linda e arrogante fazendo sucesso por aí...

Malu está vestida com o desleixo premeditado de cantora pop que vai participar de uma entrevista coletiva: camiseta dourada com a bandeira norte-americana, calça cor de cobre francesa, jaqueta vermelha argentina, tênis japoneses pretos... tudo devidamente Made in China, claro.

– Atitude? Isso no meu vocabulário é falta de educação. Se fosse minha filha...

A voz grave do motorista põe fim às ameaças do Mac-Kabeleireiro!

– É aqui.

A van acaba de chegar ao quarteirão onde fica a Top School!.

– Não vai dar para estacionar na frente da escola, como a senhora pediu.

Fora da van, está a maior confusão. Além da eletrizada fila que dá voltas no quarteirão e some de vista, o trânsito está um caos, a temperatura, desmedidamente quente, e o ar, mais seco do que nunca.

Malu, que tentava tuitar, postar e viralizar sua chegada, se assusta.

– Que fila é essa?

A assessora de imprensa, que finalmente conseguiu falar com sua amiga jornalista dentro da escola (que disse que "ia ver o que poderia fazer" para divulgar a desconhecida cliente da amiga), tem notícias:

– Nesse ano, foram mais de dois mil inscritos.

As pernas de Malu começam a tremer!

– Dois mil? Mas são só vinte vagas!!!

O Mac-Kabeleireiro! faz questão de dar o ar de sua graça:

– E só dez vagas são para garotas, que devem ser mais da metade das inscritas!

A camareira sussurra:

– Se eu fosse você, ficava quietinho, calava a minha boca e não fazia nada. Afinal, eles estão nos pagando.

– "Quietinho", tudo bem. Agora, não fazer nada já não posso garantir.

#que menina arrogante!

Abanando a mão que está livre, Jako mostra que não entendeu o que deveria ter acabado de ouvir de Klau. Ela ainda tenta repetir...

– Esqueciiii o meeeeu...

Quando percebe que nem prolongando ao máximo e dando mais volume aos agudos – e Klau é boa em agudos! – ela fará o irmão entender, Klau desiste.

A culpa é do trem do metrô que acaba de entrar na estação com seu ensurdecedor assobio metálico.

Fazendo círculos contínuos e rápidos com os dedos indicadores esticados Klau sinaliza que vai esperar o trem parar para falar. Os dedos dela são compridos, com as unhas grandes, cortadas quadradas, e cada uma está pintada com listras vermelhas, amarelas e verdes e finalizada com uma estrela preta.

O metrô para. Jako faz um simpático sinal para Klau entrar primeiro.

– *Arigatô!*

– *You're welcome!*

Não há vagões; ou melhor, é um vagão só. O trem está relativamente vazio. A estação também está vazia; deve ser o horário.

– Tô me sentindo engolido por uma centopeia.

O sorriso de Klau para a brincadeira de Jako é o mais esperto e brilhante que se pode imaginar. Os cabelos dela se espalham em trancinhas pelos ombros e pelo alto das costas. A pele de Klau é cem por cento negra.

O sorriso que Jako devolve para Klau também é bem esperto e brilhante, mas não tanto quanto o sorriso dela. Jako é um garoto alto, um pouco magro demais, os cabelos bem curtos, com mais volume no alto da cabeça.

Klau e Jako formam uma bela dupla.

– O que você ia me dizer, Klau?

Jako faz essa pergunta enquanto acomoda o case da guitarra sobre um dos bancos vazios em volta deles.

– Esqueci o meu celular.

As calças deles são largas, as camisetas folgadas, mas não muito.

– O Rafa não vai te ligar pra confirmar o show?

– Disse que vai...

Os dois calçam tênis coloridos e um tanto quanto gastos, mas espertamente customizados com símbolos indecifráveis pintados.

– ... e o médico do papai também vai ligar.

– E agora?

É óbvio que Jako está indo para a seleção da Top School!. Klau, não. Ela só aproveitou a companhia do irmão para atravessar a cidade. Klau está indo a um sebo buscar o livro que encomendou: *Romeu e*

Julieta, em forma de versos, como foi escrito originalmente, e em inglês.

É o próprio Jako quem tenta dar uma solução...

– Fica com o meu celular.

– Você não vai precisar dele?

– Não que eu saiba. Parece que esse troço de seleção vai ser demorado.

– Já pensou que legal se você for selecionado?

– Vai ser muito legal! Fica com o celular.

– Obrigada!

Mais um pouquinho de conversa e a voz eletrônica anuncia a estação de Jako.

– Faz bonito, Jako!

– Já é.

Jako e Klau trocam beijos no rosto. O garoto desce com a guitarra a tiracolo. As portas se fecham. E, como ainda faltam algumas estações para o destino de Klau, ela fuça na mochila para pegar o livro que está lendo pela terceira vez: *Dom Casmurro*.

– Xiii!...

O “Xiii!” de Klau é porque o que aparece na pescaria da mochila não é o livro de Machado de Assis...

– O *Drácula* em quadrinhos!

... e sim o livro de Bram Stoker, que Jako está lendo.

– Peguei o livro errado.

E, quando vai arremessar de volta na mochila a história que deu origem a todas as séries de vampiro, Klau percebe cair de dentro do livro um papel com o logotipo da Top School! e uma foto de Jako.

– O comprovante de inscrição do meu irmão!

– Nem se eu fosse um polvo!

Quem está lamentando não ser um polvo é Antônia, a dona da Top School!, ex-modelo, nem jovem nem velha, que tenta não perder o humor, a calma e muito menos o juízo, enquanto se divide entre três celulares, dois radiotransmissores e um tablet... Por ali ela fica sabendo – e tem que resolver! – que os cordões de isolamento e os seguranças não vão dar conta de tanta energia adolescente junta, que o papel higiênico não vai ser suficiente...

– Não pode! Manda comprar mais **JÁ**, por favor! Como é que vou deixar mais de mil e quinhentas meninas sem papel higiênico?

... que a lanchonete não dará conta da fome de leão dos garotos e da sede de leoa das garotas que não param de chegar de todas as regiões do Brasil.

– Será que leoa tem muita sede mesmo?

É com um simpático e eufórico sorriso que Antônia faz essa pergunta para a simpática e eufórica jornalista que está tentando entrevistá-la.

– Não sei. Mas a metáfora ficou boa.

Além de controlar os aparelhos, Antônia percorre salas, salões, escadas e corredores do casarão de três andares onde funciona a Top School!.

– Mesmo com essa confusão, você não perde o humor, hein, Antônia?

– E por que perderia? Afinal, isso tudo só está acontecendo porque a minha escola é um sucesso!

O prédio da escola é arejado, com salas claras, decoradas com móveis modernos, coloridos e muito bem escolhidos.

– Vamos começar pelo começo: o que se aprende na Top School!?

– A acreditar nos sonhos, a potencializá-los... e a encontrar a melhor maneira de torná-los realidade.

Todos os ambientes têm um perfume de limpeza que, além de agradável, exala segurança e aconchego.

– Como potencializar os sonhos? Com uma varinha de condão?

– Não, querida! Com trabalho! Trabalho duro! E muita disciplina! Quem quiser brilhar no reino da top Mina Braz, terá que ralar!

Em todas as paredes por onde Antônia passa com a jornalista há pôsteres dos modelos mais famosos do mundo de todas as épocas.

– Parece que todo mundo está querendo brilhar nesse reino, hein, Antônia? Nesse ano, quase dobrou o número de inscritos.

– O mundo está cada vez pior.

– Não entendi.

– Todo mundo querendo aparecer.

A jornalista não quer engolir a aparente contradição da dona da Top School!.

– Mas, com essa escola, você não está incentivando isso?

– Alto lá!

Mais um sorriso, antes de Antônia esclarecer.

– Independentemente do absurdo que é essa vitrine de celebridades vazias que o mundo está vendo, existe um mundo à parte, chamado mundo da moda.

– O Fashion World!

– Eu prefiro chamar em português, mesmo. Um dos ramos de negócio mais competentes e que dão mais visibilidade no mundo. E gera empregos e dinheiro. Um mundo totalmente **profissional**...

Antônia faz questão de destacar a palavra "profissional".

– ... e fazem parte desse negócio "as" modelos e "os" modelos. Meu trabalho aqui é tentar destruir os equívocos e realizar os sonhos de quem realmente tiver talento e competência para se manter em pé nesse sedutor e perigoso mundo da moda.

A jornalista vai anotando tudo.

– Sedutor e perigoso! Gostei!

– Também aparecem aqui garotas e garotos querendo organizar os talentos... músicos, atores, bailarinas...

Enquanto elas atravessam o corredor que leva até a sala de Antônia, passam sob os olhos enormes pintados com rímel forte e cílios postiços de uma garota negra, linda e de cabelos curtos. O pôster com a foto dessa modelo é bem antigo. Antônia faz questão de apontar:

– Essa é a inglesa Hannah Waltman, uma das primeiras top models do mundo, que ficou famosa nos anos sessenta do século passado.

Um pouco à frente, a foto de uma garota linda, com cara de menina travessa e de mulher poderosa ao mesmo tempo, de olhos azuis enormes e boca pequena, longos cabelos negros e um olhar misterioso e seguro, de quem sabe o quanto vale.

– Essa, é claro, é a Mina Braz, uma das modelos brasileiras mais famosas atualmente.

– A SuperMina Braz!

– Entre as duas tem muita história. E quem quiser chegar pelo menos aos pés do que foi cada uma delas à sua maneira e em seu tempo terá muito que aprender... e ralar! Ou você acha que as modelos ficam milionárias... eu disse mi-lio-ná-rias... só porque são lindas e fazem cara de mal-humoradas? Tem que levar a sério. Dá trabalho!

– Quem é a comissão julgadora desse ano, Antônia?

– Não posso revelar os nomes por enquanto,

mas, além de mim, tem um psicanalista especializado em adolescentes, um diretor de filmes publicitários e a diretora de moda de uma revista norte-americana que veio de Nova York especialmente para fazer parte da comissão julgadora.

– Muito bom!

Foi quando Antônia entrou com a jornalista em sua bela sala de paredes de vidro que a assessora de imprensa de Malu ligou e falou com ela.

– Alô?

Depois de falar rapidamente com a amiga, a jornalista resumiu tudo para Antônia.

– ... e a minha amiga está me pedindo se daria para acrescentar essa menina na reportagem que eu estou fazendo.

Antônia fica bem intrigada com o que acaba de ouvir.

– Malu... do quê?

– Não faço a menor ideia.

Tentando ser mais objetiva, Antônia repete a pergunta economizando uma letra.

– Malu... o quê?

– Acho que por enquanto "nada".

– Será que é alguma jovem atriz? Às vezes, aparecem para teste algumas atrizes que estão começando a fazer pontas em novelas, e elas já costumam ter assessoras de imprensa.

– Acho que não. Senão, a minha amiga teria falado.

Depois de conferir o que queria, Antônia dá um sorriso desapontado.

– Mais uma...!

– Não entendi.

– Isso está cada vez mais comum. Os pais pagam assessores de imprensa para tornar os filhos famosos mesmo que eles não tenham razão nenhuma para ser isso. Tempos modernos! Modernos? Pensando bem, medievais!

O silêncio dentro do carro da mãe de Mia é absoluto.

– Ficou muda?

Não. Mia ficou confusa, triste e está se sentindo mais perdida do que um garoto que vai até o quarto de cacarecos da casa do avô e encontra aparelhos chamados "máquina de escrever", "mimeógrafo" ou "gravador portátil de fita cassete".

– Não sei o que dizer, mãe.

– Então, vou dizer por você...

Essa é a mãe de Mia!

– Não, mãe. Por favor, agora não.

Mas a mãe de Mia não concorda que aquele não seja um bom momento.

– Esse Richard... eu conheço muito bem tipos como ele. Você é muito nova, e ele é muito manipulador.

– Mãe, eu já não pedi pra você não falar sobre o Richard?

O silêncio dentro do carro da mãe de Alice também era absoluto, até que a mãe da garota resolveu trazer de volta "o" assunto.

– Posso falar uma última coisa?

– Não! Que coisa, mãe!

– Ele me ligou chorando.

Alice fica triste.

– Chorando?

– Chorando. O menino disse que

não sabe o que fazer sem você...

Parece que Alice ficou confusa com o que acaba de saber. Claro que a mãe dela não perde essa oportunidade.

– ... dá uma última chance ao menino, minha filha?

– Dá pra mudar de assunto?

– Tem razão, Mia. Temos um assunto mais importante para tratar.

– Temos?

– Como é que você está se sentindo?

Leva alguns segundos para Mia entender que a mãe está se referindo ao teste para entrar na Top School!.

– Sei lá...

Ficou meio confuso, então Mia completa o que começou a dizer.

– ... curiosa, talvez.

– Parece até que é comigo, que sou eu quem está indo fazer o teste.

– Vai ver até é você mesma.

A mãe de Mia não dá atenção para a ironia.

– Quando comecei, não tinha nada disso, escolas como a Top School!. As coisas não eram tão organizadas. Tô supernervosa!

– Eu tô supernervosa, Alice. Você não está?

– Mais ou menos.

– Como é pretensiosa!

– Por que pretensiosa?

– Quantas meninas gostariam de estar no seu lugar!

– Calma, mãe, eu nem fui aprovada ainda.

– Claro que você será aprovada. Ou além de desistir do...

– Mãe!

– Você quer passar no teste, não quer?

– Claro que quero. É o que eu mais quero! Mas prefiro contar com a dúvida. O baque do tombo pode ser menor.

– Como é que você pode ser tão madura para algumas coisas e tão...

– Chega, mãe!

– Chega, mãe! Chegamos!

A mãe de Mia já havia estacionado na fila tripla em frente à Top School!.

– Só mais uma coisa: na hora da entrevista, não sorria demais. Modelo não pode ser simpática.

– Tá.

– No teste de passarela, lembra que tem um fio imaginário amarrado no teto puxando o alto da sua cabeça para cima.

– Tá bom. Deixa eu ir que estão buzinando muito.

– Na hora das fotos, joga um biquinho de menina mimada, cubra o olho direito com os cabelos, feche um pouco o outro olho como se fosse enxergar longe... e tente ver o que tem dentro da câmera.

– Tá bom, mãe. Eu ligo pra você quando terminar.

– Me liga quando terminar, não, Alice!
Me liga a cada fase do teste.
– Tá. Mas para de buzinar, mãe.
– Essa mulher não sai da frente. Se

não der pra ligar, manda um torpedo. Mas não me deixa sem notícias.

– Tchau! Beijo.

– Eu vou pra casa acender uma velinha para a Nossa Senhora das Passarelas.

A brincadeira da mãe faz Alice sorrir e voltar para dar mais um beijo nela.

– Te amo, viu?

– Era só o que me faltava, Alice: você desistir de mim também. Faça o melhor que puder.

– Deixa comigo!

Assim que Mia põe o pé direito para fora do carro da mãe e vê o mar de garotos e garotas em fila na calçada, ela sente um friozinho na barriga.

Assim que Alice põe o pé direito para fora do carro da mãe e vê o mar de garotos e garotas em fila na calçada, ela sente um friozinho na barriga.

Nem bem dá o primeiro passo os olhos rápidos de Mia veem, a poucos metros de distância, uma garota na calçada usando um par de tênis de lona branca, calça skinny branca e uma camiseta preta com um ponto de interrogação de led prateado, exatamente como ela está vestida. Só que essa garota não é ela.

Nem bem dá o primeiro passo os olhos rápidos de Alice veem, a poucos metros de distância, uma garota na calçada usando um par de tênis de lona branca, calça skinny branca e uma camiseta preta com um ponto de interrogação de led prateado, exatamente como ela está vestida. Só que essa garota não é ela.

O friozinho na barriga de Mia se transforma em algo que lembra uma descarga elétrica...

... mais precisamente, um curto-circuito é o que percorre o corpo de Alice e a faz pensar que é capaz de dar choques.

O ponto de interrogação da camiseta de Mia se apaga como se reagisse à descarga elétrica...

... ou como se o curto-circuito tivesse roubado a energia da bateria do led da camiseta de Alice.

Tem alguma coisa muito estranha com aquela garota em frente a Mia...

... bem mais estranha do que ela estar vestida igual a Alice.

Alguma coisa perigosa e que faz Mia arregalar os olhos azuis...

... para, quem sabe, com o seu belo par de olhos verdes, Alice tentar decifrar o que não está conseguindo desvendar com seu entendimento.

Mia começa a tremer.

Alice começa a transpirar.

Mia só sabe que aquele encontro está mudando irremediavelmente tudo dentro dela...

... e que, depois desse encontro, será impossível para Alice continuar sendo a mesma.

3

Paranoia? Indignação? Surpresa? Medo? Ins-tinto de sobrevivência? Vontade de fazer xixi? Talvez tenha sido um mix dessas e de outras estranhas sensações?

Tá difícil escolher as palavras!

O que faz Mia virar as costas para aquele encontro, o mais rápido que consegue, até com os neurônios arrepiados e trêmulos!

Como essa menina, vestida igual a mim, veio parar na minha frente?

E tentar se perder o mais rápido possível no meio da avalanche de caras e bocas das garotas e dos garotos fazendo barulho na fila.

Vou fazer xixi...

Ufa! Finalmente, Mia conseguiu encontrar, entre todas aquelas sensações, algo fácil de identificar, objetivo em relação ao que ela pode fazer para tentar sair da situação de desconforto: ir ao banheiro.

Os portões da escola ainda não abriram.

Tem algumas lanchonetes, cafés, lan houses e lojas multimarcas no badalado quarteirão onde funciona a Top School!.

A "XXX" tá mais perto.

Não seria de estranhar. Tem uma loja dessa rede de lanchonetes em cada esquina!

Até a camiseta dela era igual à minha!

O mais incomum de tudo é a sensação de estranheza. O fato de encontrarmos alguém vestido igual a nós, principalmente quando se está vestida de um jeito tão comum, não é muita surpresa.

E essa sensação de... *ameaça?*

Claro que Mia sabe que aquele mar de garotas competitivas em volta dela, todas elas, independentemente de estarem ou não vestidas igual a ela, representa uma ameaça em algum nível.

Melhor tentar desencanar, Mia!

O que dá força para ela começar a se desconectar do estranho encontrão é perceber outra coisa: ela está há quase dois minutos longe dos comandos e da área de cobertura da mãe.

Mas ela não faz por mal!

Mia sempre procura dar um desconto para as...

Intromissões?

... da mãe. Além disso, ser tão "protegida?" costuma causar nela algum conforto e ao mesmo tempo a certeza de que tem alguém cuidando dela no mundo.

Será que todas as meninas criadas só pela mãe pensam assim?

Mia não conheceu o pai. Ele morreu quando ela era bebê.

– Desculpa!

Quem pede desculpas a Mia é o sorriso da garota morena com uma gota azul-marinho tatuada no meio da testa e que tenta entrar ao mesmo tempo em que ela na lanchonete.

– Eu é que estava distraída.

São várias as razões que fazem Mia devolver o sorriso e puxar para si a responsabilidade pelo encontrão: 1) a garota está vestindo um sári azul e dourado (totalmente diferente da roupa de Mia!);

2) o esbarrão não provocou nela nenhuma estranheza; 3) a garota é bem simpática.

– Mia.

Só depois que as duas já estão dentro da lanchonete é que a garota diz seu nome...

– ... A ... aa.

A música é alta. As conversas são altas. As garotas e os garotos em volta também são altos. E, como acontece em quase todas as lanchonetes, a decoração globalizada cria a doce ilusão de que toda aquela galera altíssima está na cidade dos seus sonhos.

– Não entendi seu nome.

Não é pra menos. Além da barulheira instituída, quando disse o nome, a garota falou tão baixo que o ar mal deu para emitir o som das vogais.

– Gadra.

Estranho... Da segunda vez, é como se a garota estivesse dizendo para Mia e a para ela mesma o próprio nome. Se Mia não estivesse com tanta vontade de ir ao banheiro, teria percebido que, além disso, ao falar, a testa da garota se encheu de gotas de suor.

– Você é indiana?

Pergunta óbvia, hein? Mas é assim mesmo que se começam alguns papos.

– Descendente. Meus pais são. Eu nasci no Brasil.

O xixi de Mia!

– Preciso ir ao banheiro.

– Eu também.

Não é preciso mais do que um corredor entre um salão de lanchonete e um banheiro para duas garotas se integrarem; mesmo que o que elas digam nesse caminho sejam as frases mais banais.

– Quanta gente, hein?

– Ainda bem que não é por ordem de inscrição...

O que completa a frase da garota indiana é a ficha que ela mostra com sua foto, o nome completo (Gadra Gadag Bangalore) e o número 617.

– Ainda bem mesmo! Senão eu seria muito depois de você.

Agora é a vez de Mia exibir sua ficha e mostrar que estaria em situação bem pior...

– 1111!

É claro que Mia se liga na maneira enigmática como Gadra diz o número de inscrição dela.

– O que foi?

– O seu número de inscrição, Mia.

O tom de suspense só faz aumentar a curiosidade dela.

– O que é que tem?

Como quem diz muito menos do que sabe, a garota sorri antes de responder...

– É um número forte.

Mia quer saber mais, mas elas chegam ao banheiro. Todas as cabines estão ocupadas.

– Não sei se vou aguentar!

– Por que você não usa o banheiro de deficientes?

– A porta tá fecha...

A porta se abre. E de dentro do banheiro sai uma garota linda, alta, de cabelos ruivos cacheados, um belo par de olhos verdes e manobrando com eufórica habilidade uma cadeira de rodas elétrica.

– Vocês podem me dar licença?

Ainda com os olhos arregalados com a surpresa de reconhecerem na garota uma concorrente à vaga na Top School!, além de darem licença, Mia e a garota indiana tentam ajudar na manobra.

– Obrigada!

Mas a candidata especial prefere ela mesma manobrar sua cadeira de rodas de última geração, deixando no ar um...

– Boa sorte pra nós!

Enquanto ela se afasta, Mia entra no banheiro.

Antes de fechar a porta ela diz:

– Eu quero saber tudo sobre o número 1111, hein? Me espera, Gadra?

Só depois de a garota indiana acenar com a cabeça mostrando concordar em esperar é que Mia fecha a porta.

Garota de sorte!

Exatamente quando a garota indiana pensa na palavra "sorte", o telefone celular começa a vibrar e a tocar dentro da bolsa de tecido verde bordada de lantejoulas espelhadas. A testa da garota se enche novamente de minúsculas minibolhas assustadas que logo viram gotas e escorrem pela testa cada vez mais aflita.

Pena que eu não posso dizer o mesmo de mim: Tô perdida!

O que faz a garota ter certeza do que acaba de pensar é um nome e um verbo no gerúndio que ela vê piscando na tela de cristal líquido do seu celular:

Gadra chamando. Gadra chamando. Gadra chamando.

Tutu está mais vermelho do que um pimentão (dos vermelhos, óbvio).

– Que legal, Tutu!

É o quarto "que legal" que o amigo de Tutu solta desde que chegou à casa do garoto. É a primeira vez que Couve-Flor (é melhor não explicar o porquê desse apelido!) vai à casa de Tutu, e o dono da casa, sem querer mentir (porque Tutu só falou verdades; quer dizer, aumentou uma coisa e camuflou outra!), acabou dizendo algo que não é ou não está exatamente como o garoto esperava encontrar.

A primeira foi uma pseudotelevisão em 3D, 150 polegadas, tela ultraplana, que o pai de Tutu teria comprado.

– Deu um problema na conexão dos cabos pra internet e o fabricante levou para arrumar...

Ou seja: onde estaria a televisão gigante (que na verdade tem 80 polegadas: esse foi o detalhe que Tutu aumentou!) só deu para ver na parede branca uns parafusos muito feios para suportar o peso do aparelho.

– Não tem problema! Quando eles devolverem, eu volto.

A segunda coisa foi a nova versão do jogo que está deixando todos os garotos malucos! Um jogo de futebol em que se joga contra um time de mortos-vivos e se você cometer faltas é literalmente eliminado (os caras do outro time te matam).

– O jogo tá aqui. Em algum lugar!

O nervosismo de Tutu com as outras coisas diferentes do que ele tinha contado (ainda falta saber duas!) fez o garoto esquecer totalmente onde enfiou o jogo.

– Daqui a pouco eu acho.

A terceira "coisa", que não é exatamente uma "coisa", foi o que Tutu camuflou: o fato de ele ter falado apenas quando o garoto chegou, e por isso ter virado o tal pimentão vermelho, que seus pais são separados; e que o pai, de quem ele fala o tempo todo como se respirasse 24 horas por dia o mesmo ar que Tutu, não mora com ele na mesma casa.

Tutu nunca disse que ele e o pai moravam juntos. Mas, pela maneira como falava do pai, e contando isso agora para Couve-Flor, está claro que era isso que ele queria dar a entender.

Chegamos à coisa mais importante (e que foi exatamente o que fez o Couve-Flor aceitar o convite sem pensar nem meia vez!): o fato de Tutu simplesmente ser o irmão mais novo da garota mais linda do colégio, do bairro, da cidade, do país, do planeta e dos sonhos de todos os meninos do planeta, do país, da cidade, do bairro e do colégio onde os dois garotos estudam.

Como esse foi o primeiro furo do pacote turístico à casa de Tutu, Couve-Flor achou melhor não mostrar totalmente sua frustração.

Mas, agora, do alto de seus direitos de consumidor insatisfeito, o visitante acha que pode voltar ao assunto que lhe interessa mais do que TVs 3D e suas centenas de polegadas, jogos de combates mortais ou se Tutu vive só com o pai, com a mãe, com os avós ou com a madrinha...

– A Alice foi fazer um teste para uma escola de modelos?

– Uma tal de Top... não sei o quê.

– E "aquilo tudo" precisa de testes?

"Aquilo tudo" é, entre os adjetivos que Tutu está acostumado a ouvir sobre a irmã, um dos poucos publicáveis: se é que se pode chamar a combinação "aquilo" e "tudo" de adjetivo. Se bem que essa é mesmo uma quase completa tradução do que se comenta sobre Alice.

– Eu disse isso pra ela. Mas a minha irmã é muito cabeça-dura, cara.

É quando adjetiva a irmã do jeito que mais gosta que Tutu se lembra...

– Já sei onde tá o jogo...

Quando Tutu foi falar com Alice, antes de ela sair, ele estava com o jogo nas mãos.

– ... vem comigo, Couve-Flor.

Claro que o garoto entendeu tudo!

– Você vai me levar para conhecer o quarto da sua irmã?

A empolgação de Couve-Flor é incomensurável. Qualquer metáfora que se tente fazer com isso (ir ao treino do seu time, conhecer a "rainhapopteen" dos próximos quinze minutos, herdar uma fábrica de videogames com seus jogos e seus lucros!) não ajudará a mostrar o deslumbramento do garoto ao saber que ia ter acesso ao quarto minúsculo (e daí?) onde dorme a rainha dos seus sonhos.

– Não é bem isso, Couve-Flor...

Tutu tem um acordo territorial com a irmã que os dois costumam respeitar.

– ... até porque, antes de sair, Alice deixou seu quarto uma bagunça.

– Ah!

– Mas você vai comigo até a porta, tudo bem?

E quem é que precisa saber que foi só até a porta?

– Tudo bem.

Os rastros do furacão Alice antes de sair para o teste continuam por toda parte. Mas Tutu tem uma ideia de por onde começar.

– Eu fiquei na mes...

O que faz Tutu não concluir a palavra "mesa" é o que ele vê no chão, quase embaixo da cama, enquanto atravessa o quarto em direção à mesa do laptop de Alice.

– Isso não tá acontecendo!

Ter ficado pálido como Tutu acaba de ficar deixa Couve-Flor mais assustado do que quando ele ficou vermelho como um pimentão.

– O que foi, Tutu?

Tutu está totalmente transtornado. E, guardando em um dos bolsos da bermuda o que ele acabou de encontrar (e que fez seu mundo desabar!), o garoto pede.

– Liga pra sua mãe e pede pra ela vir te buscar, cara. Eu tenho que sair voando.

– Mas ela vai demorar a chegar.

– Desculpa, mas você pode esperar por ela na portaria?

Claro que Couve-Flor não está entendendo nada; e se atrapalha dizendo a primeira obviedade que passa por sua cabeça:

– Eu vou com você.

– Negativo! Tenho que ir sozinho... e voando.

– Aconteceu alguma coisa com a Alice.

– Ainda não, mas, se eu não for atrás dela, vai acontecer.

– É grave?

Tutu não faz questão de ser simpático.

– É um caso de vida ou morte.

Assunto encerrado. Tutu pega o skate, o capacete, o celular e os fones de ouvido. Os dois garotos descem no elevador e se despedem na portaria.

– Boa sorte, Tutu!

– Valeu, Couve-Flor!

Tutu joga o skate na calçada, põe o capacete, coloca os fones brancos nas orelhas de abano, liga o modo escutar música no celular, pula no skate e sai remando, exatamente como ele falou: sozinho e voando. Mas voando tanto que nem percebe, ao atravessar a oitava avenida, que, mesmo fazendo isso na faixa de pedestres e com o semáforo a seu favor, o motoqueiro que vem no sentido contrário faz Tutu voar pelos ares com skate, fones de ouvidos brancos e o que ele encontrou no chão do quarto da irmã... transformando a situação, como ele também já tinha previsto, em um caso de vida ou morte.

– A bicha...?

A maneira como o garoto faz essa pergunta é no tom de quem quer saber se está indo para o lugar certo.

– Como assim!!!!!!!

Mas o fato de ele estar um tanto quanto atrapalhado, falar com sotaque do português de Portugal, estar carregando um *case*, a caixa metálica quadrada que os DJs usam para transportar seu equipamento... e ser lindo!, faz com que a garota a quem ele fez a pergunta termine sua manifestação de surpresa com uma rajada de exclamações em vez de um mísero ponto de interrogação que já teria resolvido totalmente o problema.

– Desculpa...

Sorrindo, o garoto percebe que errou.

– ... eu ainda me atrapalho um pouco. Em Portugal, "fila" é bich...

O que faz o garoto português interromper sua explicação no meio é o amigo da garota: mega-alto, ultramagro, moicano loiro, calça pink, camiseta regata dourada, botas com salto plataforma azul-marinho, óculos com lentes que mais parecem dois tablets e que com uma voz bem rouca e quase aguda tenta diminuir o constrangimento do garoto português com uma brincadeira.

– Aqui, a bicha sou eu!

Deu certo. Percebendo que não ofendeu o amigo da garota, o garoto português fica totalmente à vontade.

– Olivia.

– Ivan.

– Guel.

Guel é o garoto português. Ele acaba de perceber que ali não é o fim da fila. Pelo contrário...

– Vou andando.

– Fica aqui...

Muitas camadas de intenções no convite de Olivia.

– É errado com quem chegou antes de mim.

– Fica no meu lugar. Eu devo isso à Olivia.

– Obrigado, Ivan. Mas eu vou andando.

No fim da fila, a guitarra pendurada nas costas de Jako interessa a Guel.

O case de DJ de Guel interessa a Jako.

– Você toca?

– Só de brincadeira. Lá em Portugal eu tocava em festas de amigos. Por causa da idade, ainda não dá pra tocar na noite.

– Tô ligado.

– Você toca?

– Só de brincadeira.

Dá para entender pela maneira discreta como Jako tenta responder que o cara deve tocar muito.

Os dois tocam. Os dois têm a mesma idade. Torcem pelo mesmo time. No começo, não gostaram da contratação do Alexandre Pato, mas acabaram mudando de ideia.

Então ele ouve a voz de Klau atrás dele:

– Ainda bem que eu achei você...

Jako não percebeu que tinha deixado o livro com a ficha de inscrição com Klau.

– ... e eu não tinha como ligar.

– Calma, Klau. Esse aqui é o Guel. Guel, essa é a Klau.

O Guel camuflado atrás dos cachos cor de mel, com covinhas em volta de um bocão muito vermelho e com um par de olhos azuis que focam como se olhassem sempre para antes ou para depois, nunca para o agora, interessa a Klau.

– Tá aqui a sua ficha de inscrição, Jako. Acho melhor eu dar o fora.

Jako entende tudo e acha graça.

– Calma, Klau.

– Fica um pouco.

Klau percebe certa curiosidade no pedido que Guel acaba de fazer, para ela ficar. E resolve ficar para conferir que curiosidade é essa.

– Então, eu fico.

– Hora da verdade!

Portões se abrem. Filas andam. Chovem cascatas de adrenalina dos poros das garotas e dos garotos. Não dá mais para adiar. Os testes vão começar. Vinte (dez garotas e dez garotos) serão escolhidos. Mais de dois mil garotos e garotas voltarão para suas casas chorando, urrando, protestando e, pelo menos durante uns quinze segundos, detestando se sentir tão descartáveis e tão lindos.

– Você é a décima oitava Alice que eu confiro.

Alice prefere levar na brincadeira o quase sadismo do quase antipático porteiro que está conferindo se a garota que está plantada em frente a ele é a mesma da foto na ficha de inscrição e no documento de identidade.

– Tudo culpa do Lewis Carroll.

– De quem?

– O escritor que escreveu *Alice no País das Maravilhas*.

O porteiro não tem a menor ideia sobre o que Alice está falando.

– Até nessa fotinho mixuruca da identidade você tá bonita. Você tem chance, garota.

– Pena que não é o senhor quem escolhe.

Mesmo sem ter o menor tom de arrogância na brincadeira de Alice, a maneira um pouco rápida demais como ela fala faz parecer arrogância e exibicionismo. O próprio porteiro faz cara de bravo.

– Começou mal.

– Obrigada!

Enquanto se afasta, Alice guarda a identidade e a ficha de inscrição no bolso da calça.

Eu devia ter ficado em casa!

É... parece que Alice não está com sorte. O "obrigada!" que era pela devolução dos documentos fica parecendo que é mais uma afronta à advertência do porteiro. É por isso que ela resolve voltar.

– O senhor me desculpa?

Conferindo o quadragésimo quinto Gabriel e sem dar a menor atenção, o porteiro acena com a cabeça que sim.

– É que...

Um aceno de mão do porteiro mostra a Alice que o assunto está encerrado e que ela, ali parada, só está atrapalhando.

– ... tá bom!

Ainda perdida com o segundo acontecimento desagradável desde que chegou à Top School!, Alice tenta localizar pelas placas qual é a sala das entrevistas, por onde sabe que os testes vão começar.

Ela ainda está sob o efeito do encontro com a garota com a roupa exatamente igual à sua. Alice não sabe que o nome da garota é Mia e que ela sentiu o mesmo estranhamento e a mesma confusão ao vê-la vestida daquele jeito.

Como assim?

Assim como Mia, ela fez questão de evaporar na direção oposta para onde foi a garota, mas com as mesmas interrogações martelando na cabeça e no coração.

Achei!

O que Alice achou é a sala onde serão feitas as entrevistas. Há aparelhos de televisão de tela plana pendurados por quase todas as paredes. Ela sabe que as entrevistas não serão por ordem alfabética nem pelo número de inscrição.

Pelo que entendi, eles vão chamar para as entrevistas pelos monitores.

Como há uma lanchonete perto da porta, Alice resolve matar a sede.

– Por favor, uma garrafa de água sem gelo.

A garçonete, atrapalhada com tantos braços compridos balançando no ar com comandas pagas, entrega para Alice uma garrafa de água.

– Tá gelada.

– Você tá vendo alguma pedra de gelo aí?

Xiii! É hoje!

– Precisa falar com a menina desse jeito?

Quem defende Alice é um garoto sorridente. É a própria Alice quem põe um ponto final na confusão.

– Deixa.

O garotão gostou de Alice. Ela ainda não prestou atenção direito nele. A garçonete tem muito mais o que fazer e evapora.

– Posso comprar uma água sem gelo, lá fora, pra você.

– Não precisa, obrigada.

Que cheiro é esse que Alice está sentindo?

Parece o xampu que o Chicão usa.

– Eu não faço só o que é preciso...

Será que esse cara tomou banho com xampu de cachorro?

O sorriso de Alice é pelo que ela acabou de pensar, e não pelo que o garoto disse. Mas é claro que ele não entende assim e se empolga ainda mais.

– ... eu faço o que eu gosto.

Como não sabe o que dizer, Alice diz a primeira bobagem que lhe vem à mente.

– Que bom!

O garoto nem tem tempo de entender se está agradando ou, pelo menos, não tanto quanto gostaria.

– Beeeen! Pensei que você tivesse sumido.

Quem acaba de chegar e pensou que Ben tivesse sumido é Malu que, diferentemente do que aconteceu com Alice, se interessou pela beleza surfista de Ben a uns quinze quilômetros de distância e está tentando demarcar seus domínios em volta dele a qualquer custo.

Aliás, foi o encontro com a beleza e a pseudo-disponibilidade de Ben o que fez Malu quase deixar para lá o desagrado de ter sido barrada na entrevista e ter tido sua equipe-kit-completo impedida de entrar na escola para acompanhá-la nos testes.

#eles que me aguardem!

– Eu estava aqui o tempo todo, Malu.

Mentira. Ben não se interessou por Malu tanto quanto ela gostaria. E é por isso mesmo que Malu está procurando por ele: para reverter esse quadro.

– Malu, essa é a...

– ... Alice.

Malu nem olha para o lado de Alice. Ela já tinha prestado atenção demais nela enquanto se aproximava. E, diga-se de passagem, não gostou nada do que vasculhou: o equilíbrio dos traços, a altura, o corpo, a cor e o comprimento dos cabelos... o fato de ela ser loira!

#finalmente! Alguém pra eu odiar!

Não que Malu não goste de ter os cabelos castanhos. Mas ela sempre dá um jeito de encontrar um detalhe a mais contra o qual rivalizar. Além disso, o fato de Malu ter achado seu primeiro "projeto especial" na Top School! (é assim que ela chama seus pretendentes) conversando com Alice com muito mais empolgação do que com ela ajudou bastante a definir Alice como uma rival.

– Vem comigo, Ben.

Como já deu tempo de Ben entender que não fez tanto sucesso com Alice...

– A gente se vê.

... ele aceita ser puxado pelo braço por Malu, como se ela fosse uma dona levando seu bichinho de estimação para passear.

Conferindo o cheiro de xampu de cachorro que Ben deixou no ar, Alice responde...

– A gente se vê.

... em um tom de voz bem mais interessado do que antes. Pena que o garoto não ouviu.

Não posso negar que ele é um gato!

É a primeira vez que um garoto desperta algum

mínimo interesse em Alice desde que ela terminou com Richard.

– Alice Maria Figueiroa!

Enquanto entra na sala, com o coração quase saindo pela boca, Alice procura a ficha de inscrição, sem lembrar em qual bolso havia guardado.

Não tô achando.

A sala, na verdade, é um salão com paredes espelhadas, barras e alguns aparelhos para musculação em um dos cantos.

E agora?

– Tudo bem, Alice?

Antônia se apresenta com simpatia. O mesmo já não se pode dizer das outras três pessoas que fazem parte da comissão de avaliação que dividem com ela a mesa comprida, com quatro tablets, pilhas de papel e garrafas de água.

– *Hum-hum...*

Não dá para ignorar que Alice está em apuros.

– Tem certeza de que está tudo bem?

– Sabe o que é, Antônia... eu não tô achando a minha ficha de inscrição.

– Não tem problema. Depois, se for preciso, eu peço.

O que Alice acaba de ouvir a deixa um pouco mais aliviada.

– Por favor, Alice, fique sobre esse xis amarelo no chão.

Tem uma câmera de vídeo apoiada em um tripé atrás da mesa dos avaliadores. Enquanto se posiciona, discretamente, Alice tenta pôr a mão na sua correntinha da sorte, com um pingente em um formato estranho, meio parecido com uma gota, e que está pendurada no pesc...

Cadê?

Perceber que está sem seu amuleto deixa a garota transtornada. Ela começa a transpirar.

Tô perdida! Antônia acha graça no descontrole de Alice. Ela já tinha percebido o quanto a garota é ou está atrapalhada. Desde que Alice entrou, Antônia entendeu que ela mais flutuava do que andava, como se não conseguisse alcançar o chão com seus passos. Imediatamente, Antônia ficou intrigada.

Aquele ar meio desligado e atrapalhado ao mesmo tempo não diminuía em nada a graça da estonteante beleza e o estranho brilho natural que a garota não devia ter a menor consciência de possuir.

A força de seus olhos verdes fazia com que fosse quase impossível parar de olhar para ela.

– O que aconteceu, Alice?

O tom simpático de Antônia ajuda Alice a relaxar e a também achar graça de si mesma.

– Sabe o que é, Antônia, esqueci uma correntinha que a minha mãe me deu e que me dá sorte.

Um incompreensível arrepio percorre o corpo de Antônia. Ela tem que fazer algum esforço para não gaguejar.

– Então você vai ter que contar com o seu talento. Vamos lá, Alice...

Como se não bastasse, do meio para o final de sua pergunta, Antônia põe um par de óculos fundo de garrafa, com armação escura e pesada, e passa a falar de um jeito mais formal, quase aborrecido.

– ... o que você quer que eu saiba?

É claro que Alice trava.

4

– Vamos lá, o que você quer que eu saiba?

Demora um pouco para Antônia ter sua resposta.

– ... que eu estou muito nervosa.

Claro que Antônia percebe que desde que colocou os pequenos pés dentro da sala, aquela garota não sabia direito o que estava fazendo ali.

– Isso eu já sei...

Os passos dela são firmes, contrariados, curtos demais. Passos de quem não quer pisá-los. A garota também faz um estranho esforço para tensionar os músculos, especialmente os das costas e do pescoço, como se eles fossem uma armadura para proteger seu corpo, belamente magro, de algum inimigo perigoso.

– ... e nem poderia ser diferente...

Mas o que mais desperta o interesse de Antônia é que, mesmo com tanta tensão e contensão, nada compromete o estranho brilho natural que irradia dos olhos azuis da garota, emoldurando sua rara beleza.

– Esse é mesmo o seu nome?

O rosto dela esquenta. O brilho dos olhos se intensifica.

– Eu me esqueci de entregar a ficha de inscrição.

– Sem problemas.

– O meu número é...

– Todos os seus dados estão em nosso computador.

Claro que a garota entende que Antônia está dizendo que já sabe tudo o que precisa sobre ela; inclusive que sua mãe é a ex-modelo Eva Berg.

– O mais importante agora é você responder o que eu perguntei.

Leva uns três segundos para a garota se lembrar da pergunta.

– Meu nome é Mia, sim.

Quando a jovem confirma o nome, um inexplicável arrepio percorre seu corpo. Ela tenta não valorizá-lo, mas não consegue se livrar dele assim, de súbito.

– O que você quer, Mia?

– Que você me ajude.

A sinceridade de Mia agrada ainda mais Antônia do que sua beleza já tinha agradado.

– Ajudar?

– A entender o que posso fazer comigo mesma.

Nem Mia sabe de onde está tirando essas estranhas frases que a ajudam a expressar com tanta clareza a confusão que está sentindo.

– Isso não é muito fácil, Mia.

Quando faz essa brincadeira, Antônia já está totalmente dona de si. Alguma coisa em sua segurança começa a deixar Mia mais à vontade.

– Eu sei, Antônia.

Antônia tem que pensar um pouco para entender como continuar aquela conversa.

– Onde você acha que está a sua beleza?

– Posso ser sincera?

– Quem fala assim já está premeditando a sinceridade.

– Acho que eu não tô, não.

Boa resposta!

– Então, fala: onde você acha que está a sua beleza?

Mia bate as mãos nos ombros.

– Aqui.

Que estranho! Pelo menos é o que Antônia acha da resposta.

– Nos ombros?

– Pra mim, ser bonita é mais um peso do que um... um...

– ... Alívio?

A maneira como Antônia tenta ajudar Mia a completar a frase em vez de esclarecê-la aumenta a confusão na cabeça dela.

– Pode ser.

– Veja se estou entendendo seu raciocínio, Mia: para você, sua beleza é um peso... e o contrário disso seria dizer que é um alívio?

– É. Acho que é isso, sim.

– Peso ou alívio: só tem essas duas opções?

Mia já entendeu que Antônia está querendo saber se ela só vê para sua beleza essas duas definições, digamos, radicais, extremas.

– Até onde eu sei, só.

Antônia olha para Mia e diz:

– Obrigada.

Mia entende que é para ela sair. Só não sabe

para onde, ou o porquê. Nem se aquele foi um corte brusco. Ou se a entrevista termina assim mesmo.

– Devo sair... para onde?

Sem sorrir, sem fazer cara de brava ou de confusa ou preocupada, apenas com uma expressão enigmática, Antônia responde:

– Você é quem sabe.

Como Mia não sabe de nada, ela sai "só" da sala das entrevistas. Um pouco fora da sintonia. Como se flutuasse. Sem ter a menor ideia do que acabava de acontecer e pouco se importando com os sons, as cores, as formas, os olhares e os esbarrões das garotas e dos garotos colados na porta esperando para serem chamados.

– Cuidado, menina!

O que Mia entende com esse pedido de cuidado (que de "pedido" não teve nada!) é que ela teria esbarrado em alguém ao passar.

– Desculpe.

Mas Mia não esbarrou em ninguém; nem estava andando. Ela estava parada no corredor, conferindo uma foto de sua mãe pendurada na parede, durante um desfile de modas, há mais de quinze anos, no saguão do Museu do Louvre, em Paris.

– Olha por onde anda.

– Eu já pedi desculpa.

Nem todas as desculpas do mundo seriam capazes de dar conta da acidez e da fúria de Malu quando ela reclama pela primeira vez, e muito menos agora, quando ela reforça essa reclamação.

Como desculpar o fato de Mia ser tão alta? Tão loira? Tão linda? E estar tão desligada (mal sabe Malu o que acontece dentro de Mia!) e conferindo fotos no momento em que todas as atenções de Malu (e ela acredita que das outras garotas ali também!) se transformaram em tensões.

#ainda mais depois da entrevista!

Sim, Malu soube da existência de Mia antes da entrevista. Desde o momento em que Mia passou pelo corredor para ir à entrevista (e Malu reconheceu nela mais uma rival em potencial!), ela resolveu focar todas as farpas ainda disponíveis do seu GPS para *#cuidar* dessa menina.

– Olha por onde anda.

Ah, e como se não bastasse, Malu também não pôde ignorar os olhos, o pescoço e o nariz de

Ben *#animadíssimos*!!! com a passagem da garota em direção ao teste/entrevista – e agora de novo, na saída.

– Ela já pediu desculpas, Malu.

O comentário é de Ben, que fez questão de conversar com Mia, usando para isso a desculpa de saber como era o teste, etc. e tal. Malu até tentou desconversar a nítida tentativa de investida. Ela já conhecia muito bem os *et ceteras* e os *tais* de garotos como Ben! E, como se deu mal quando tentou tirar essa ideia da cabeça dele, resolveu "juntar-se aos vencedores" para não terminar na pior (e sem Ben!) mesmo antes de ter conseguido alguma coisa com o garoto. Ben quer saber...

– Foi legal o teste?

Que sorriso bonitinho!

Como seria uma injustiça Mia achar só o sorriso do garoto bonito (ainda mais assim, no diminutivo), ela corrige o pensamento:

Que gato!

A conversa é curta: nome, onde estuda, para onde já viajou, pai faz o quê, número de inscrição, como veio parar ali... Não é preciso mais do que isso, e muito menos Mia confirmar com palavras o que Malu já entendeu com o olhar dela para Ben.

#mais uma menina para eu odiar!

#oba!

– **É agora...**

É muito mais para aumentar a euforia do que para frear a ansiedade que Malu diz essa mínima frase para si mesma, assim que escuta o seu nome para entrar na sala das entrevistas.

#lá vou eu!

Como se fosse preciso mais aditivos para a sua euforia.Tudo o que aconteceu com Malu desde que ela chegou para o teste (ter seu séquito real "irreal" barrado, ser barrada também na primeira entrevista para a imprensa de sua vida, encontrar Ben e se interessar por ele, deparar-se com pelo menos duas rivais à sua altura, Alice e Mia...) já é razão mais do que suficiente para deixar suas emoções e intenções como ela gosta: perigosamente efervescentes.

– Você tá nervosa?

É Ben quem pergunta. E sem saber, com essa pergunta, ele responde à principal dúvida de Malu naquele momento...

#será que ele já está a fim de mim ou não?

#claro que sim!

A resposta que Malu deu a si mesma não é para a pergunta de Ben, e sim para sua própria dúvida: Ben já ficou, sim, interessado nela. É no que Malu acredita. E talvez ela nem esteja errada em pensar assim.

#tô certa!

Pelo tempo que Ben e Malu estão juntos e pelo mar de todos os tipos de beleza que passou pelos olhos e sorrisos do garoto, se ele não estivesse pelo menos um pouquinho interessado nela, já teria debandado, mergulhado, voado.

#tô certíssima!

Só depois de tuitar esse monte de pensamentos e de ter certeza de que esnobou Ben o suficiente para fixar/colar/grudar ainda mais o interesse dele é que Malu responde.

– Nervosa? Por que eu estaria?

– Porque todo mundo aqui tá meio nervoso... ou não tá?

– Um: eu não sou todo mundo. Dois: as pessoas estão nervosas porque estão inseguras por concorrer para as mesmas vagas. Três: não tem ninguém concorrendo comigo: eu já tenho uma vaga.

Ben arregala os olhos e, por tudo o que sabe sobre Malu, ele entende que o pai dela deve ter "comprado" uma vaga para a garota na Top School!. E faz uma careta bem desagradável; quase fica feio!

– Não é nada disso, Ben!

– Disso o quê?

– Não tem nenhuma armação.

– Como você sabe o que pensei? Você lê pensamentos?

– Não; leio expressões. E penso rápido. O que eu disse é que uma vaga já é minha naturalmente.

– Naturalmente?

– Tenho certeza de que estou no lugar certo e na hora certa. Não tem como não ser minha.

A voz de Antônia dentro da sala insiste em chamar o nome de Malu.

– Você me espera aqui?

Malu tem que fazer algum esforço para pendurar essa interrogação no final da frase que acaba de soltar para transformar em um pedido o que espera que seja entendido como uma ordem.

– Espero.

Antes de sair, Malu rouba um selinho dele.

– Pra me dar boa sorte...

Beijo do qual Ben gostou!

– ... e, quando eu sair, Ben, vou conferir se é a marca do meu batom, vermelho bélico, que continua na sua boca.

Cada frase, sorriso e brincadeira de Malu só faz aumentar a curiosidade de Ben.

– Você não existe, Malu.

– Existo. Mas tenho que ir. Fui!

E Malu entra na sala para a entrevista.

#cheguei!

Assim que dá o primeiro passo, ela escuta um barulho desagradável. Um rangido. É o atrito da sola de seus tênis pipocando no revestimento plástico do piso.

#tá errado!

Rapidamente, Malu trata de controlar a energia dos pés para que os sapatos não façam muito barulho.

#agora tá certo!

Dona de seus passos, Malu se liga que naquela sala tem luz demais, e por isso está forçando muito as pálpebras para manter os olhos abertos e isso pode deixar o rosto dela cheio de rugas. Rugas? Nessa idade? Malu tenta controlar até o futuro!

#tá errado!

Abrindo um pouco mais os olhos, sem exagerar, ela consegue se adaptar à iluminação.

#agora tá certo!

Amiga da luz, Malu relaxa os ombros e os empurra levemente para trás, para melhorar a postura.

#agora tá certo!

A postura das costas ajuda a relaxar o pescoço, liberando os músculos do rosto para que formem o sorriso simpático-arrogante-vitorioso-cativante-misterioso-premeditado para o teste, que Malu vem ensaiando desde que se conhece por gente.

– Pronto...

Quando começa a falar, ela já está posicionada na luz e na pose certa, já conferiu discretamente a lente da câmera de vídeo, vasculhou os olhares da comissão julgadora e focou o par de olhos negros nos olhos arregalados de Antônia, que ela sabe ser a dona da escola (e o voto de maior valor e importância na hora de seleção!).

– ... estou pronta!

A surpresa de Antônia com a energia e a determinação tão lapidadas é tamanha que ela acaba soltando uma frase da qual em breve se arrependerá profundamente:

– Está mesmo!

– Minha paciência tem limite!

– Pega leve, irmãzinha!

O desabafo é de Klau. A advertência, de Jako.

– Esse cara está me enrolando.

Quem supostamente está enrolando Klau é Guel. Supostamente?

– Não é bem assim...

Jako está certo. Nas três vezes em que Klau ameaçou ir embora, Guel sorriu para ela, pediu que ficasse... e só. Mas Jako sabe, e Klau deveria saber muito melhor que o irmão, que um garoto pedir para uma garota ficar é muita coisa.

– Ainda mais um garoto tão introvertido como o Guel.

Pela maneira como Jako acaba de falar sobre o garoto português, fica parecendo que eles, que acabaram de se conhecer, são amigos de infância.

– A sorte é que meu interesse é maior do que minha paciência.

Foi depois dessa conversa com a irmã, no caminho de ida e volta ao bebedouro, que Jako resolveu propor logo ao Guel:

– Será que o pessoal da escola vai achar ruim se nós tocarmos?

A ideia de Jako anima Guel. Guel tinha conhecimento de que Jako já tinha tocado com um DJ, e Jako sabia que Guel já tinha feito suas mixagens com um guitarrista.

– Só tem um jeito de saber.

Das escadas onde o trio estava sentado até o corredor por onde eles procuram alguém na escola são poucos passos.

– Aquele cara ali.

O cara ali, para quem Klau acaba de apontar, é um rapaz alto e bonitão vestido com agasalho preto de atleta, que acaba de sair da lanchonete.

– Você trabalha na escola?

Foi Jako quem perguntou. O rapaz é bem simpático.

– Enquanto a Antônia achar que eu devo, trabalho.

Depois da brincadeira, cada um diz seu nome. O rapaz se chama Betão e, para simplificar, diz que é uma espécie de preparador físico da escola.

– Vocês querem tocar?

– Só de brincadeira. Pra passar o tempo.

– Isso não vai fazer muito barulho não, Jako?

– Não se pode chamar de silêncio essa zona.

Quem responde sorrindo e iluminando o corredor com sua beleza é Klau. E ela tem razão. À medida que a garotada vai fazendo os links de suas afinidades e diferenças, o volume da empolgação aumenta. Principalmente os volumes necessários para manifestar as diferenças.

– Então, façam o seguinte: toquem lá fora. Tem um pátio coberto com várias tomadas. Mas sem fazer muita bagunça.

– Valeu, Betão.

Ninguém se incomoda em abrir espaço para Guel colocar suas pick-ups e o mixer sobre a única mesa que ele encontra.

– Acho melhor você começar sozinho, Guel.

A sugestão de Jako é porque ele percebe que está sem amplificador para a guitarra.

– Mas os alto-falantes embutidos nas pick-ups também não são muito potentes.

– Começa, Guel. Depois eu chego.

Então Guel começa a perceber que tem alguma armação por trás dessa... demora? Suspense?... de Jako em querer tocar.

– Tá legal!

Enquanto Guel escolhe os primeiros discos de vinil para mixar os sons nas pick-ups, metade das belezas ferozes já se aglomera em volta deles.

– Vou começar manso.

A outra metade aparece quando o garoto solta o som. Um som bem estranho, diga-se de passagem. Uma mistura incomum. De um lado, um som tribal; do outro, vocais agudíssimos que acompanham a batida de uma bateria acelerada.

– De onde você tirou isso, cara?

Ben e Malu fazem parte da segunda metade que chega. Ben, interessadíssimo; Malu, indignadíssima.

– Como é que deixaram esse barulhento entrar e minha equipe, não?

O garoto olha para ela com desconfiança.

– Se liga, Malu.

Não se trata só de desconfiança.

#um certo mau humor?

Ou será melhor chamar de asco?

#aborrecimento?

Algumas dessas palavras – ou todas elas juntas – acendem uma luz vermelha dentro de Malu.

#melhor pegar mais leve!

Mas, ignorando a própria advertência, Malu quer continuar protestando.

– Depois que eu me matricular, vou fazer um abaixo-assinado...

– Pega leve, Malu.

Ouvir Ben, ainda mais aborrecido, repetir exatamente a advertência em que ela tinha pensado a deixa quase insegura.

– Eu só estou dizendo que...

Ben não quer saber de explicações. Ele fica mesmo incomodado com o que acaba de perceber de Malu: mesmo tendo se dado tão bem na entrevista, como aparentemente ela se deu (e é claro que ela já disse-tuitou-postou-esbravejou isso pelos quatro cantos de todos os mundos), a garota precisa encontrar algo com o que se incomodar.

– Por que detonar uma coisa tão legal que os caras estão fazendo?

É com os lábios quase trêmulos que Malu interage com o que acaba de ouvir.

– É melhor nós sairmos daqui. Vem, Ben.

Só que Ben não move um músculo do corpo para acompanhar-atender-obedecer Malu.

– Vai você, Malu.

– Amigas de infância!

A garota indiana acha graça no que acaba de ouvir de Alice. Amigas de infância? Não faz nem meia hora que elas se conhecem. Mas, como os indianos têm uma relação com o tempo um pouco diferente do que os não indianos, ela acaba concordando. Talvez ela até entenda o que acaba de ouvir melhor do que Alice.

– Amigas de infância!

E, como sempre acontece em relação aos amigos de infância, Alice já se sente um pouco em dívida.

– Ainda bem que encontrei você antes de ir embora.

Quando encontrou a garota indiana na entrada da escola, Alice já estava se preparando para debandar:

"Por que, Alice?"

"Por causa da entrevista. Fui mal. Não sabia o que falar, demorei um pouco para responder. Acho que não entendi direito o que a dona da escola queria com as poucas perguntas que ela fez..."

Depois de ouvir com toda a atenção, como se tivesse entendido totalmente as justificativas de Alice, e tomando absoluto cuidado para não parecer muito intrometida, a garota indiana delicadamente sugeriu...

"Não foge, não."

"Fugir?"

Alice não tinha pensado assim!

"É. A entrevista é só uma parte do teste. Ainda tem as fotos... o teste de passarela..."

"Tem razão."

Então Alice resolveu ficar.

– Você ainda não disse seu nome.

Demora um pouco para a garota responder.

– Gadra.

Tem algo de estranho no que Alice acaba de ouvir. Entendendo que aquela estranheza talvez se dê pela sonoridade do nome (afinal, não é toda hora que Alice se encontra com garotas indianas!), ela não dá muita atenção e segue conversando e gostando do que conhecia de sua nova amiga.

"Que demais!"

O primeiro "que demais!" foi ao saber que a família da garota indiana tinha um pet shop.

"Que demais!"

O segundo, muito mais empolgado e transbordante para além da euforia, foi saber que ela tinha aberto nos fundos da casa uma espécie de abrigo para cachorros perdidos, abandonados e tristes. Tanta empolgação chamou a atenção de Gadra de uma maneira bem especial.

– Pelo visto, você adora mesmo os animais.

– Adoro!

Foi o "adoro" mais enigmático que já apareceu no caminho da garota indiana naquele enigmático dia!

– Na verdade, eu...

Alice acha graça no que ia dizer: que se sentia um pouco como eles, os animais perdidos e abandonados. Mesmo isso sendo verdade, ela resolve terminar de outra maneira o que começou a falar.

– ... sou filha adotiva.

Demora um pouco para a garota indiana juntar em sua cabeça o que ela acaba de ouvir à imagem linda, loira, alta e de olhos verdes que ela vê na sua frente.

– Você?

O papo dá sede. A sede leva as duas garotas até a lanchonete. A lanchonete está ainda mais abarrotada e transbordante do que nunca ou sempre ou para sempre.

– Deixa eu ajudar você com os bichos, Gadra?

Pela expressão da garota indiana, aquela não pareceu uma boa ideia. Expressão de medo?

– Pode ser.

Foi o "pode ser" mais "nunca será!" que Alice já ouviu.

– Água, suco ou refri?

– Água.

– Duas águas, por favor?

A empolgação que fez Alice convidar a garota indiana para ir à lanchonete e se oferecer para cuidar dos bichos é a mesma que faz com que ela se ofereça para pagar as duas águas.

– Não, Alice.

– A próxima você paga.

Enquanto Alice pega o dinheiro no bolso para pagar as duas garrafas de água, aparece a foto dela em uma televisão, suspensa na parede, com a indicação FOTOS.

– Minha vez de fazer fotos.

– E eu ainda nem fiz a entrevista.

– Vamos comigo até a porta, para dar sorte?

– Pode ser...

A vibração do celular na bolsa da garota indiana a faz mudar de ideia.

– ... melhor não.

Não dá tempo nem de Alice tentar entender o que aconteceu ou o porquê de a garota indiana ter começado a transpirar tanto.

– Então até já, Gadra.

– Até, Alice.

Enquanto Alice sai, a garota indiana pega o celular na bolsa e confere o que ela já sabia.

Gadra chamando! Gadra chamando! Gadra chamando!

Ela sabe que, se adiar ainda mais, vai ser pior. Então ela atende, mas não diz nada.

– *Alô?*

A voz da garota do outro lado da linha está superanimada-empolgada-festiva. A voz da garota do lado de cá está assustada-aflita-quase assombrada.

– Oi! Tudo bem?

– *Já te liguei um monte de vezes.*

– Eu sei, mas não deu para atender. Desculpa.

– *Que voz é essa?*

Está difícil para a garota do lado de cá da linha manter a voz em um tom tranquilo.

– Nada. É que tem muita gente aqui.

– *Como é que tá indo?*

– Tô aqui esperando.

– *Obrigada, minha irmã, por estar fazendo isso por mim.*

Não suportando mais a mínima conversa, a garota do lado de cá quer se livrar da garota do lado de lá.

– Estão me chamando para a entrevista.

– *Então depois me liga?*

– Ligo.

– *Tchau, Indira.*

– Tchau, Gadra.

É quando desliga o telefone que Indira, a garota indiana do lado de cá da linha, vê que alguém deixou cair a ficha de inscrição. Pegando a ficha no chão ela exclama:

É *da Alice... Que estranho!*

Enquanto reflete, Indira se lembra da primeira garota que conheceu: Mia.

...outra garota com o número de inscrição 1111. Garotas de sorte!

Alguma coisa dentro de Indira a faz reconsiderar o que disse e plantar no final de sua frase uma interrogação...

... garotas de sorte?

5

Pela quantidade de caras, bocas, passos, olhares improvisados e premeditados e frases de efeito de garotas e garotos confusos, deslumbrados, arrogantes, sem limites, simpáticos, legais, carinhosos – e lindas! e lindos! – que Antônia já teve que aguentar até aquele momento, ela deveria estar cansada, mal-humorada e doida para que o mundo terminasse em um barranco para que ela pudesse morrer encostada.

– Será que esse dia não vai acabar nunca?

Mas quando ela vê a milésima oitava candidata, e linda, animada e a primeira garota motorizada entrando na sala, o cansaço e o mau humor evaporam.

– Ingrid?

– Ingrid!

Paira um silêncio um tanto quanto curioso por parte da comissão julgadora. Ninguém, nem Antônia, sabe exatamente o que dizer ou por onde começar aquela entrevista. Parece que a própria Ingrid sabe...

– Não acredito que sou a primeira garota de rodinhas a se inscrever para o teste!

O eufórico sorriso que Ingrid lança com essa pergunta é contagiante, em menos de um milionésimo de segundo se espalha pela sala e invade toda a comissão julgadora – inclusive e principalmente Antônia.

– Pra ser sincera, Ingrid, é sim.

Já que seu primeiro sorriso simpático agradou, Ingrid tenta caprichar ainda mais no segundo.

– Preciso puxar a orelha das minhas colegas de infortúnio...

Quando se refere a estar em uma cadeira de rodas como um infortúnio, não há nada de resmungo, protesto ou melodrama na voz dela; só constatação.

– Você já fez algum comercial, Ingrid?

Antônia está com a impressão de conhecer Ingrid de algum lugar.

– Fiz, sim. Para uma marca de jeans. Você viu?

– Acho que vi...

– As pesquisas disseram que foi por minha causa que as vendas da marca aumentaram, e não porque aquele garoto lindo da novela era o protagonista do comercial.

O tom de Ingrid é de brincadeira. É no mesmo tom que Antônia resolve começar a entrevista.

– O que a Ingrid quer que eu saiba?

– Que vim aqui para aprender a brilhar com mais intensidade. E que espero não ser a última garota cadeirante a passar pelos testes para fazer parte da Top School!.

A conversa entre Ingrid e Antônia é curta, mas muito animada. Até quem não conhece a dona da escola, como a Ingrid, por exemplo, percebe que as possibilidades que ela está vendo naquela linda garota cadeirante a deixam totalmente empolgada. Há muito tempo ela não via uma combinação tão atraente entre cachos ruivos e um par de olhos verdes.

Essa menina tem futuro!

Depois de perguntar tudo o que Antônia queria saber ela diz:

– Obrigada por ter deixado o meu dia mais... interessante, Ingrid!

E fazendo mais uma manobra radical com sua

cadeira de rodas para sair da sala de testes, Ingrid agita os cachos ruivos, responde e corresponde...

– Obrigada a você!

O próximo entrevistado é Ben. Sorridente, seguro de si, andando com a leveza de um anjo que acaba de aterrissar, olhando para os lados com a cara de quem acaba de fazer alguma capetice.

– O que o Benjamin quer que eu saiba?

– Primeiro, que todo mundo me chama de Ben.

– Pronto, já sei.

– Que eu já fiz alguns poucos trabalhos sem importância por aí.

Antônia vai interromper Ben; ele não deixa.

– É melhor falar de outro jeito: os trabalhos não eram sem importância. Eram desfiles em lojas na periferia para marcas desconhecidas, figuração em alguns comerciais...

– Por que você resolveu reconsiderar ter chamado os trabalhos de "sem importância"?

– Porque eles me ensinaram algumas coisas importantes.

– Como o quê?

Uns dez segundos de silêncio antes de Ben responder.

– A ter um pouco de paciência pra esperar trocentas horas pra gravar uma ceninha de nada onde eu nem aparecia direito.

– Entendi.

Além de ter entendido, Antônia gosta muito do que acaba de ouvir. Mas, aos olhos dela, tem alguma coisa errada com o garoto.

– Qual é o seu maior talento, Ben?

Ele não precisa de nem um segundo para pensar.

– Ser esse gato que eu sou.

Quase não tem arrogância no jeito dele falar.

– E quais são as suas pretensões para essa beleza?

– Eu não quero usar essa beleza pra participar de reality shows nem ser ator ou montar uma banda.

– O que você quer?

– Continuar levando essa vida mole que eu levo.

– Por que você acha a sua vida mole?

– Acho, não. Ela é! Nasci saudável, em uma casa que tem grana, com pais bacanas... bonitão...

– Você se acha bonito mesmo, hein?

– Vai me dizer que você não acha?

Antônia não responde. Ben entende o silêncio como um “sim”.

– Sabe, Antônia, eu só quero arrumar uma profissão que me ajude a continuar levando essa vida bacana, rodar o mundo... Parece que os modelos brasileiros fazem muito sucesso fora do Brasil, não fazem?

– Os modelos que se dão bem fazem sucesso.

– Já pensou que legal? Conhecer o mundo trabalhando como modelo...

Ben para de falar um pouco para divagar. É como se ele já estivesse se imaginando embarcando para algum país dos que ele pretende conhecer.

– Ben?

– Desculpa, eu estava viajando...

– Pelo visto você não precisa de avião para viajar.

– O que você tinha perguntado?

– Se você usa drogas.

Antes de responder, o garoto sorri.

– Não. E você acha que, se usasse, eu ia dizer?

– Você parece muito maduro para a sua idade.

Os olhos dele se arregalam.

– Ninguém nunca me disse isso...

Pela primeira vez durante a entrevista de Ben, Antônia sorri.

– ... será que daria para você repetir isso para os meus pais, Antônia?

– Primeiro, vamos ver se você confirma a primeira impressão.

Claro que Ben percebe que a entrevista acabou.

– E agora?

– Espera lá fora que vão chamar você para uma das outras fases do teste.

– Valeu!

Assim que Ben sai, Antônia pega um dos rádios, localiza um nome gravado na memória e aciona o comando de conexão.

– *Fala, Antônia...*

– Tem alguém com você aí, Betão?

O que Antônia quer saber é se ela pode falar sem ser ouvida por mais ninguém, a não ser o Betão.

– *Pode falar.*

– Fica de olho nesse garoto que acabou de sair.

A voz de Antônia é tensa, quase grave. Parece que ela fala sobre um problema.

– *O loiro?*

– Ele mesmo.

– *Deixa comigo. Qual é o seu* diagnóstico?

– A. W.

O silêncio do outro lado da linha é para Betão se recuperar da surpresa.

– *Garoto perigoso.*

– Garoto perigoso.

Garoto de sorte!

Não foi essa a única frase que as pessoas soltaram quando viram Tutu voar a uma altura considerável depois de o motoqueiro se chocar com ele. Mas essa constatação, de que Tutu é um garoto de sorte, foi o que as bocas, os olhares, as cabeças e os corações disseram.

– Que bom que você estava de capacete, garoto.

A primeira frase diferente que Tutu ouviu, ainda no chão, foi a do dono de uma farmácia em frente ao local onde ocorreu o acidente.

– Sou um garoto de sorte...

Quando Tutu toma para si a frase do coro curioso em volta, ele se levanta e faz questão de mostrar para todo mundo que está ótimo.

– ... muita sorte!

O que é uma bela mentira, porque ele está com as pernas bambas, um pouco tonto e muito assustado.

– Você bateu a cabeça?

Quem pergunta se Tutu bateu a cabeça é o motoqueiro que o atropelou, que também foi parar longe com a freada brusca e acaba de chegar onde Tutu caiu.

– Não...

Na verdade, Tutu não sabe se bateu a cabeça ou não. Como não está sentindo dor debaixo do capacete, ele acha que não bateu.

– ... tô melhor que você, cara.

O comentário de Tutu foi porque ele percebeu que o motoqueiro está mancando e todo arranhado.

– Vou chamar a polícia. É um acidente com vítima.

A ideia é do dono da farmácia. Tutu confere se a correntinha e o pingente de Alice continuam no bolso de sua bermuda. Continuam.

Não posso perder tempo!

– Não tem vítima nenhuma...

Tutu sobe no skate novamente.

– ... eu vou pra casa. Minha mãe vai ficar preocupada se eu demorar pra chegar.

Boa! Tutu usar como escudo a imagem da mãe

preocupada o ajuda a se proteger da vontade do farmacêutico de ajudar.

– Você não pode ir embora assim, garoto.

Olhando para o motoqueiro que acaba de falar, Tutu sorri.

– Fica tranquilo!

Ele teria mais a dizer, mas sentir o gosto de sangue que começa a se formar dentro da boca o faz temer que alguém perceba que há alguma coisa errada com ele.

– Fui!

Sem dar tempo para ninguém impedi-lo, Tutu sai remando, limpando uma bolha de sangue que começa a se formar no canto esquerdo da boca.

Mais incomodado do que com a desconfiança que sentiu por parte de Antônia no final da entrevista (e o garoto ficou bem incomodado com isso!), Ben está super-hiper-mega-incomodado com a marcação cerrada de Malu.

– Me espera, Ben.

Ela não arreda os pés sem limites de perto dele e não para de bombardear o garoto com perguntas e respostas desconexas, sem sentido e que em nada lhe interessam.

– Ouviu o que eu disse, Ben?

– Não.

Os dois estão na lanchonete, no meio de um mar de outras possíveis duplas que já estão se configurando entre os garotos e as garotas disponíveis (ou nem tanto!) para virar novos casais (ou nem tanto!).

– Eu estava falando que...

– Não precisa repetir!

– Não adianta você...

– Malu, eu não tô interessado nesse assunto.

Os graves e agudos das mixagens do DJ na área externa da escola chegam até a lanchonete. Alguns agudos fazem com que Malu e Ben tenham que aumentar o volume do som de algumas palavras.

– Mas você nem sabe sobre o que estou falando.

– Eu não estou interessado em assunto nenhum.

Malu faz questão de ignorar que a bronca de Ben é com ela. Mesmo quando não precisaria falar mais alto, ela sobe o tom de uma ou outra palavra para dar mais força para sua encenação.

– Tudo bem! Eu entendo que ter ido mal na entrevista...

Raras são as conversas de Malu que não são encenação!

– Não tem nada a ver com a entrevista, Malu.

– Os garotos são mesmo...

– É você.

Nunca, pelo menos até onde se lembra de seu passado, Malu reconheceu nada parecido com o desconforto envergonhado de ter que engolir o ar, a saliva e as letras das palavras com as quais esperava deixar o garoto bonitão ainda mais ligado nela.

– Eu tinha achado você uma gata.

– Achado? Pode voltar esse verbo para o presente.

– Não, Malu. O verbo tá certo. Você é que tá errada.

– Só não vou dizer uns desaforos, Ben, porque estou vendo que você tá nervoso e que daqui a pouco vai se arrepender desse absurdo que tá tentando me dizer.

Nervoso? Ben está se sentindo é aliviado! É por isso que ele sorri.

– Tá legal. Então, fica na sua e espera que eu me arrependa. Não precisa me procurar, tá?

Como nem toda essa clareza ao dispensar Malu

é garantia de que ela vá deixar Ben em paz, ele abre ainda mais o sorriso (afinal, gosta de sair sempre pela porta da frente!) e se afasta calmamente da órbita dela.

#que atrevido!

Aquecendo os motores de seus tênis pretos, Malu tenta não perdê-lo de vista...

– Ninguém se livra assim de mim.

... e ameaça dar os primeiros passos na direção de onde ele foi.

– Só quando eu quero!

Antes de conseguir sair, Malu dá um encontrão em uma estrutura metálica que não tinha percebido que estava em seu caminho.

– Ai! Minhas pernas...

Malu nem poderia ter percebido. A cadeira de rodas de Ingrid acaba de chegar à lanchonete.

– ... se eu ficar com alguma mancha roxa...

Só então Malu se dá conta de que está falando com uma cadeirante. Mas não pede desculpas; só interrompe a bronca.

– Desculpa...

O pedido de desculpas de Ingrid é porque ela sabe que vinha muito rápido para um lugar tão cheio de gente! Gente eufórica! Gente que fala com as mãos! Gente que dança enquanto fala!

– ... eu estava acima da velocidade.

A brincadeira de Ingrid não diverte, agrada ou comove Malu. Ela está muito intrigada tentando entender o que significa uma cadeirante naquele lugar e naquele dia.

#será que essa menina acha que pode?

– Ingrid!

– !

– Acho que eu não escutei o seu nome.

A ironia de Ingrid empolga Malu.

– Perdeu alguma coisa aqui, Ingrid?

– ?

Claro que Malu já entendeu que Ingrid está ali pela mesma razão que ela: entrar na Top School!.

– Que legal!

Não tem nada de simpático no que Malu acaba de dizer e Ingrid percebe isso.

– Legal?

– Eu não sabia que a Antônia tinha aberto vagas para pessoas especiais...

Quando Malu diminui o ritmo da frase para concluí-la com as palavras "pessoas" e "especiais", é como se estivesse lançando uma ogiva nuclear.

– ... que... generosidade... da Antônia, você não acha?

"Generosidade" também foi lançada, ou melhor, falada vagarosamente, quase mastigada.

– Acho melhor chamar de "esperteza" em vez de generosidade.

Ingrid não precisou de muito tempo para pensar no que diria. E o que acaba de dizer confunde Malu.

#?

– Mesmo tentando ser um pouco ignorante, garota, você estava certa quando se referiu a "pessoas especiais"...

#ignorante? eu?

– ... porque aqui nessa escola só cabe o brilho das pessoas especiais.

#sobre o que essa maluca está falando?

– Alguns especiais pela sua condição de locomoção, como eu... Outras especiais pela beleza, pelo carisma, pela atitude, pela maneira de ver e de estar no mundo... E acho que é exatamente aí que você vai se dar mal.

Depois dessa, Malu se digna a transformar em palavras seus pensamentos tuitados. E de uma maneira bem pobre.

– Como assim?

– Acho difícil que ainda tenha lugar no mundo para um brilho tão e-qui-vo-ca-do como o seu.

Ingrid conseguiu dividir as sílabas da palavra "equivocado" com tanto cuidado e segurança, que as pernas de Malu até ficam bambas.

– Paciência tem limite, Ingrid!

– Ignorância, também. Tchau!

#que menina atrevida!

Primeiro Ben, agora Ingrid... É atrevimento demais para Malu.

#preciso de ar!

É por isso que Malu vai em direção à área externa da Top School!, onde o DJ continua tocando e agradando. Também é por isso que, ao passar pela porta, ela esbarra em Klau, que tinha ido até a lanchonete e está voltando para junto de Jako e de Guel, levando latas de refrigerante abertas para os dois.

– Olha o que você fez!

Não foi Klau quem fez, e sim uma das latinhas! Ou melhor, a própria Malu. A indignação que Malu sentiu é tão grande com o que acabou de ouvir de Ingrid, que ela se chocou contra uma das mãos de Klau e fez com que parte do líquido caísse sobre sua roupa.

– Foi mal!

– Foi péssimo!

Klau, que tinha achado que o que aconteceu foi um acidente, entende a reação de Malu como falta de educação.

– Você que veio com muita força pra cima de mim.

O tom de Klau ainda é educado: ainda!

– Quem você pensa que é pra me dizer se eu estou andando com muita ou com pouca força?

– Eu sei quem eu sou: uma pessoa educada.

De onde Jako estava, na área externa, já entendeu que a irmã devia estar em apuros.

– Está me chamando de mal-educada?

Claro que quem estava por perto se ligou na eletricidade que sai da conversa entre Klau e Malu.

– Eu? Quem está dizendo isso é você!

O que era indignação em Malu vira fúria.

#primeiro o Ben! Depois aquela cadeirante! Agora essa... negra algumas toneladas acima do peso?

Jako acaba de chegar.

– Pega leve, irmãzinha!

Malu confere Jako, confere Klau, lembra-se de Ingrid...

– O que é que vocês estão pensando?

– ?

– ?

– Que aqui é o teste para a nova temporada do *Glee*?

Klau olha para Jako, os dois olham para Malu, sentem pena e acham graça do estranho e equivocado ser plantado em frente a eles. É Jako quem responde.

– Não, garota. Eu estou aqui pelas mesmas razões que você.

Sabendo que o pavio de Klau é tão curto quanto o da garota equivocada à sua frente, Jako acha melhor fazer o papel de irmão mais velho.

– É melhor você vir comigo, irmãzinha...

Só agora Jako se lembra de explicar a presença da irmã.

– ... e a Klau está só de passagem.

– Ainda bem!

O "ainda bem!" de Malu faz Klau, que já estava pondo em prática a sugestão de seu irmão e indo com ele para fora, resolver parar para conferir o que acaba de ouvir.

– Ainda bem por quê?

– Deixa quieto, Klau.

– Não, Jako. Agora eu quero saber o que essa menina quis dizer.

Malu está se sentindo acuada, mas não o suficiente para não responder.

– Desculpe, mas eu sou sincera: você não tem corpo pra modelo.

Três segundos para Klau pensar.

– Não? É o que nós veremos...

E, falando com seu irmão...

– Jako, será que eu ainda posso me inscrever pra essa seleção?

Os mesmos ventos que fizeram Ben debandar dos tufões causados pelo temperamento de Malu o levaram a vasculhar os grupinhos de concorrentes incrustados nos quatro cantos da Top School!, para conferir se em algum deles tinha pelo menos uma garota com potencial para se derreter por suas loiras mechas, seus olhos verdes, seus dentes brancos ou seus sorridentes lábios.

Não foram poucas as possibilidades, mas nenhuma chamou a atenção de Ben tanto quanto a vontade de se juntar à galera em volta de Guel, Jako e Klau.

Esse cara é muito bom!

Mesmo o irado som do DJ não conseguiu manter Ben atento ou concentrado por muito tempo.

Vou ver o que os caras estão fazendo.

Achando um degrau vazio na escada que vai do térreo para o primeiro andar, Ben se senta e já começa a digitar.

"TÁ FAZENDO O QUÊ, VÉIO?"

O "véio", no caso, é Yong Li, o amigo chinês de Ben que é uns seis meses mais novo do que ele.

"E AÍ, BEN? TÔ REMANDO, NO PARQUE."

"AINDA?"

"TÔ DE FÉRIAS, VÉIO! :( )! KD VC?"

"NO TESTE. VAI DURAR O DIA INTEIRO."

"QUE ALUGUEL. JÁ PEGOU ALGUÉM?"

"SÓ UMA MALUCA! KKK! MAS JÁ MANDEI INTERNAR!"

"Mais de mil e vc só pegou uma? Não é o Ben que eu conheço..."

"Tô sussa! Já fiz uma entrevista."

"Como foi?"

"Estranho."

"Estranho 'estranho'?"

"Exatamente o que vc tá pensando."

"Eles sacaram alguma coisa?"

"Acho que sim."

"E agora?"

"Sei lá..."

"Você confirmou?"

Quando Ben começa a digitar a resposta, Betão chega.

– Você é o Benjamin?

É a pergunta mais afirmação desconfiada que Ben já ouviu. Às vezes, quando está muito distraído, ele esquece que se chama Benjamin. É por isso que demora um pouco para responder.

– É... sou.

Beto acha graça do tom de dúvida de Ben.

– Tem certeza?

A nova pergunta de Betão sai um pouco seca e mostra que ele está ainda mais curioso do que antes. Ben se sente tão confuso quanto acuado, mas sorri.

– Eu fiz alguma coisa errada?

Perceber que seu sorriso deve ter saído meio trêmulo (seja lá o que signifique um sorriso trêmulo!) deixa Ben um pouco inseguro. Betão se interessa pela maneira de falar de Ben.

– Fez?

– Que eu saiba, não.

– Então por que esse medo todo?

A pergunta de Betão, agora, soa um pouco atrasada ou fora de propósito. Ben já não está mais demonstrando tanta insegurança ou confusão, o que poderia ser entendido como medo.

– Tá me investigando, Betão?

– Como é que você sabe o meu nome?

Um tanto quanto óbvio para Ben, mas, como já entendeu que está, sim, no mínimo, sendo vasculhado, o garoto responde.

– Tá escrito no seu crachá.

Betão foi pego de surpresa.

– Foi mal. Eu estava distraído, Ben.

Ao ouvir a palavra “distraído”, acende-se dentro de Ben um sinal vermelho que ele tenta camuflar por um sinal amarelo. Betão finge que não percebe. Ben fala:

– O que você quer comigo, Betão?

– Você devia ficar ligado nos painéis luminosos e nos monitores de TV, cara. Estão chamando você para as fotos.

Claro que Ben percebe que não é só por isso que Betão veio falar com ele; ou, sendo mais explícito, veio vasculhar “quem” é Ben.

– Fui desclassificado?

– Se você tivesse sido desclassificado, eu não estaria aqui para te levar até o estúdio. A menos que você tenha desistido.

– Que nada!

A caminho do estúdio, a conversa entre o garotão que se acha mais adulto do que é e o adulto quase garotão muda de ares: bola, prancha de skate, prancha de surfe, preferência pelas loiras, alimentação natural...

– Tá entregue. Boa sorte.

Os dois se despedem na porta do estúdio.

– Valeu, Betão.

– Tô de olho em você, hein, garoto?

Ainda sem entender se aquilo é uma brincadeira ou uma advertência de verdade, Ben entra no estúdio.

Desligado que só ele, acaba deixando a porta só encostada. Nada é muito estranho ou novidade para Ben: o fundo pintado de verde e iluminado por refletores, a outra metade do estúdio escura e, nesse escuro, uma câmera fotográfica e outra de vídeo apoiadas em tripés, um fotógrafo e uma produtora sentados em duas "cadeiras de diretor de cinema" (aquela com assento e encosto de tecido e que deve dar uma dor considerável nas costas se a pessoa ficar muito tempo sentada!). E nem é novidade a bela garota loira, alta, com tênis brancos de lona e camiseta preta com uma enorme interrogação de led prateada fazendo as poses que o fotógrafo pede.

– Agora, abra os braços... Como se fosse levantar voo...

Diga-se de passagem, uma das garotas mais lindas que ele já viu e que despertou seu interesse logo que chegou, mesmo ele percebendo que ela não tinha se ligado muito (ou nada!) nele. O fotógrafo continua...

– Agora, por favor, Alice, cruze os braços e faça cara de brava.

A produtora confere Ben, sorri e faz sinal para que ele espere um pouco. O garoto acena com um positivo e se camufla em um canto escuro, esperando sua vez de ser fotografado e sentindo seu interesse por aquela garota crescer.

– Já ganhou!

Foi essa a maneira que Ben encontrou para chamar a atenção de Alice, ainda do escuro. E conseguiu. Sorrindo, como quem se prepara para agradecer, ela olha para o escuro, de onde vem a voz, e responde, ou melhor, pergunta, tão curiosa quanto simpática...

– Falou comigo?

Sem perder um segundo, Ben aparece na luz e na frente de Alice ao mesmo tempo.

– Com quem mais poderia ser?

Alice resolve continuar a conversa pelo comentário de Ben.

– Obrigada!

– Como é que você tá indo?

– Não faço a menor ideia.

Nem precisaria ser muito esperto para perceber que agora Alice está, digamos... correspondendo?... a tentativa de aproximação de Ben.

– Nem eu...

– Desculpe, mas não me lembro se da outra vez que nós nos vimos você me disse seu nome.

– Ah... Quer dizer que não passei tão despercebido por você, como achei que tivesse passado?

– Não faz onda...

– Ben.

– Não faz onda, Ben. Você sabe que é difícil você passar despercebido por alguém.

A segurança e o desprendimento da garota e a constatação de que ela está mesmo correspondendo deixam Ben até um pouco tímido.

– Não é bem assim, Alice.

Nem o fotógrafo e muito menos a produtora têm o menor interesse em deixar aquele flerte terminar para continuarem os testes.

– Vamos fazer as fotos, Benjamim?

– Vamos. Não quer me esperar, Alice?

A produtora é mais rápida do que Alice:

– Não pode.

E Alice...

– Eu espero você lá fora. Boa sorte.

– Valeu.

Quando Ben se aproxima de Alice para se despedir com um beijo, os dois estão tão atrapalhados que o que era um beijo no rosto de um vai parar nos lábios do outro e vira um selinho. Selinho que ninguém sabe quem começou.

– Foi...

O que faz Ben parar no meio do seu pedido de desculpas é perceber que ele, o pedido de desculpas, é totalmente desnecessário. Pelo que parece, Alice gostou do erro tanto quanto ele.

– ... Foi... Bom.

– Espero você na lanchonete.

Só quem não gostou de ver o selinho acontecer foram os olhos irados de Malu, que acompanharam quase toda a cena pela fresta da porta que Ben tinha deixado entreaberta.

#guerra é guerra!

6

#ela me paga!

Quando tuíta esse míssel supersônico maquiado, essa ogiva nuclear cheia de glitter, Malu está furiosa. Muito furiosa. Dos olhos dela parece sair fogo. A fúria é tanta que ela tem que se segurar para não morder as paredes. E só não sai mordendo paredes, mesas e cadeiras da lanchonete porque sabe que isso acabaria com seus preciosos, lindos e afiados caninos brancos, que ficaram ainda mais brancos depois que o dentista da família convenceu seu pai a patrocinar mais um megabranqueamento.

#guarde bem esse nome: Alice!

Muito esperta essa Malu, hein? Em vez de disparar seu arsenal bélico glamurizado em direção a Ben, o verdadeiro alvo de seu interesse, ela programa seu GPS de salto alto para a garota por quem Ben aparentemente se interessou. Sinal de que ela ainda tem planos para ele?

#se pensa que vai me roubar o Ben, ela vai se dar mal!

Sim. Malu continua interessada em Ben. Ainda mais agora que ele está escapando pelos vãos dos seus dedos compridos decorados com unhas postiças metálicas.

É dessa maneira, furiosa, com olhos de fogo, dentes afiados e unhas metálicas que Malu espera Alice sair do estúdio de fotos.

– Tome cuidado, Alice.

Alice, que vinha ainda flutuando pelo corredor, sob efeito da surpresa agradável do selinho roubado, entende que pisou no pé ou esbarrou em Malu.

– Desculpe.

Claro que Alice está falando sobre esse possível esbarrão ou pisada no pé.

– Muito espertinha pro meu gosto...

Malu, não. Ela fala sobre o que ela viu acontecer dentro do estúdio.

– Espertinha?

Só agora Alice entende que, pela distância que está de Malu, é praticamente impossível que ela tenha esbarrado nela.

– Eu vi tudo.

Será que essa menina é namorada do Ben? Alice lembra que ela estava com ele da primeira vez que os dois se encontraram.

– Não é nada do que você está pensando.

A própria Alice se envergonha da obviedade do que acaba de dizer. E Malu diz:

– Eu estou pensando...

Essa menina deve ter lido muitas histórias em quadrinhos! Ela faz cada careta!

– ... você acha que eu devo ir de preto? Ou de roxo?

E Alice cai como uma patinha na armadilha de Malu.

– Ir aonde?

– No seu enterro.

A brincadeira(?) de Malu deixa Alice arrepiada.

– Vem com a gente, Alice!

A chegada tão eufórica quanto colorida de Olivia e Ivan (o garoto multicolorido, moicano loiro, de regata dourada, voz rouca e aguda...) quebra o clima entre Malu e Alice.

– Você está no nosso grupo de desfile.

Quem chamou Alice e, agora, acaba de explicar o porquê é Ivan.

– Já?

Ninguém entende o "já?" de Alice.

– Eu acabei de sair das fotos.

– Eu não disse que você ar, tracinho, ra, tracinho, sou? Arrasou!

Pela maneira como Ivan fala, o trio (Ivan, Olivia e Alice) já deve ter se esbarrado em algum momento desde que chegou à escola.

– Não vai me apresentar seu amigo, Alice?

Quando faz essa pergunta, Malu está mais simpática do que a Branca de Neve quando teve que convencer os sete anões de que sua chegada não era encrenca; e era!

– Eu mesmo me apresento: Ivan.

O garoto tomou muito cuidado para camuflar a desconfiança que estava sentindo com tanta simpatia atrás do par de óculos escuros gigantes que insiste em manter sobre os olhos, sem se importar com o ambiente fechado da Top School!.

– Malu...

Ivan não sabe dos detalhes sobre o comportamento arrogante de Malu com a garota cadeirante e com a negra, mas sua simpatia com ele, que é gay, é mesmo de estranhar.

– ... Adorei seu modelitcho, Ivan.

Pouco importa a Ivan se o que acaba de ouvir é sincero ou não. O que interessa é que tenha seus enormes esforços para se preparar para os testes reconhecidos e aprovados!

– Gostou?

– Adorei!

Vamos dar uma chance a Malu: será que ela aprendeu alguma coisa com o que ouviu de Ingrid e Klau?

– Eu nem caprichei!

– Imagine, então, se caprichasse!

É óbvio que Malu entendeu que aquele trio plantado à sua frente é formado por amigos ou tem afinidades. O que ela está tentando é fazer conexões, aproximações, aliados no mundo de Alice.

– Você também está linda, Malu. E como não estamos concorrendo pela mesma vaga, boa sorte.

Olivia está profundamente incomodada e enciumada e, pela expressão desconfiada que está vendo em Alice, também confusa com tantos elogios e simpáticas rasgações de seda pura.

– Vamos logo, Ivan.

O chamado de Olivia o desperta. Até porque o ponto máximo do tal modelitcho que ele compôs não era para agradar Malu, e sim para desfilar e mostrar à comissão julgadora da Top School! do que ele é capaz.

– Eu já volto, Malu.

– Não demore, Ivan.

E lá se vão Alice, Ivan e Olivia em direção ao corredor que dá acesso ao pátio coberto, onde o trio já sabe que está montada a passarela, e deixando o rastro de um sussurro pelo corredor.

– Você não acreditou em uma palavra do que aquela maluca disse, acreditou, Ivan?

– Claro que acreditei, Olivia. É tudo verdade: eu estou ótimo mesmo. Só não acreditei nas intenções dela.

Mas nada disso chegou a Malu. Nem mesmo as gargalhadas que o trio soltou pelo corredor depois da última fala de Ivan. E, mesmo se tivesse chegado, ela não teria escutado: ou pelo volume dos sussurros ou por ela ter ocupado sua atenção e audição com outro fato...

#como assim?

... a chegada de Mia.

#a mesma roupa da Alice? Não entendi.

Mia está um tanto quanto perdida e segura a ficha de inscrição em uma das mãos.

– Você sabe onde serão feitos os testes de vídeo?

Em uma das fases dos testes para entrar na Top School!, os concorrentes terão que gravar uma fala de até um minuto. Pode ser um poema, uma letra de música ou um trecho de livro.

– Não faço a menor ideia.

Conferindo a placa em cima da porta da sala dizendo que ali é o estúdio fotográfico, Mia entende que está no lugar errado.

– Pensei que fosse aqui.

– Errou.

O jeito nervoso e meio dançante de Malu atrai a atenção de Mia.

– Você já participou de alguma fase do teste?

Antes de responder, Malu confere a ficha de Mia:

– Mia Vianna Berg. Número 1111.

E, mudando de tom, Malu completa:

– Escute aqui, Mia 1111, eu não estou nem um pouco interessada nos erros do seu percurso, tá? Péssima sorte.

– Credo!

E, deixando uma careta suspensa no ar, Mia faz o sinal da cruz, dá as costas e dá o fora.

#é agora!

É o que tuíta Malu quando vê Ben saindo do estúdio de fotos e espichando o pescoço para todos os lados procurando por Alice.

#ele me paga!

Demorou!

A sessão de fotos de Ben foi muito demorada. Mesmo assim, ele esperava encontrar Alice do lado de fora. Negativo. A decepção abre o apetite do garoto.

Só me resta forrar o estômago!

Esse pensamento aparece para Ben entre um ronco e outro de sua barriga cheia de gominhos. Pensamento, roncos e gominhos esvaziados levam as pernas magras de Ben até a lanchonete.

– Tem X-burguer?

– Tem, mas acabou.

A brincadeira da garçonete é quase uma cantada.

– Dá pra fazer um misto-quente?

– Só se for de queijo com queijo; acabou o presunto.

– Então, por favor, me faz dois queijos-quentes, antes que seja tarde.

Com um sanduíche em cada mão, Ben volta para o corredor, de onde pretende chegar até Jako e Guel.

– Você tem que me escutar, Ben.

É a quinta tentativa de reaproximação de Malu desde que Ben saiu da sessão de fotos.

– Tenho?

– Você não tem nada a ver com aquela garota.

– Então, eu não tenho que escutar, não.

– Me espera, Ben.

Ben não espera. Mas também não vai para onde tinha pensado em ir. É que o nome e a foto dele acabam de aparecer no painel, avisando que, em cinco minutos, ele tem que estar no pátio coberto para desfilar.

E lá vou eu!

Alternando mordidas nos dois sanduíches e dando passos magrelos, logo Ben está no que se pode chamar de portões de entrada do pátio externo, onde alguns garotos e garotas, que também foram chamados, esperam para entrar.

– É aqui que é aqui?

Ninguém responde à brincadeira de Ben, mas todos acham graça no simpático garotão cheio de sanduíches na boca e covinhas em volta dela. Depois de dizer seu nome e ouvir o dos outros, Ben continua.

– Isso aqui tá parecendo videogame. Não para de aparecer fases.

– Tudo armação!

Quem protesta é o estiloso Rubão, um garoto tão careca quanto mal-humorado, vestido com calça, jaqueta e camiseta pretas, olhos pintados e que mais parece um lutador punk de muay thai do que um pretendente a uma vaga em uma escola de modelos.

– ?

– ?

– ?

Os pares de olhos arregalados em volta de Rubão mostram que todos querem saber mais.

– Aqui só tem carta marcada.

– Tem certeza?

A pergunta é de Ben, mas a resposta é para todos.

– Certeza absoluta. Nessa escola, só entram filhos de bacanas, de milionários, de artistas... Estamos perdendo nosso tempo.

Talvez Ben até gostasse de contra-argumentar, de dizer que não concorda com Rubão. Mas a interrogação de led prateada na camiseta de uma garota que se aproxima interessa muito mais ao garoto.

– Pensei que você tivesse me...

O que faz Ben engasgar no final da frase é ele perceber que a garota dentro da camiseta não é Alice.

– ... Foi mal.

Pelo sorriso que Mia devolve para Ben, dá pra ver que ela não achou tão ruim assim ser confundida. Ela já tinha achado o garoto interessante.

– Tá servida?

– Obrigada.

Enquanto dá a última mordida no segundo queijo-quente, Ben, discretamente, tenta escanear Mia.

– Seu nome é Mia, mesmo?

Não dá para Ben ignorar que também está sendo escaneado por ela.

– Hum-hum. Mas o seu não deve ser Ben.

– Benjamin. Homenagem a Benjamin Franklin.

– E Mia é homenagem a uma gata que a minha mãe tinha quando eu nasci.

– Cuidado que eu posso dar choques.

– Cuidado que eu posso arranhar.

Parece que não tem mais ninguém em volta de Ben e Mia.

– O que é que você tá achando...?

A pergunta de Ben é mal-intencionada. Ele quer saber o que Mia está achando dele. Mas ela tem um tom híbrido, misturado, como se quisesse saber o que a garota está achando do teste. O duplo sentido faz Mia rir.

– Espertinho você, não?

Ser pego em sua artimanha deixa Ben vermelho. E Mia:

– Estou curiosa para saber aonde isso vai dar.

Agora foi a vez de Mia dar um duplo, híbrido

e mixado sentido à sua frase. Ela se refere tanto ao resultado dos testes quanto ao interesse que o garotão à sua frente começa a despertar.

Desde que Mia começou a fase "ladeira abaixo" no namoro com Richard (esse assunto daria um romance inteiro!), é a primeira vez que alguém chama a atenção dela.

– Você prefere fotos ou desfile, Mia?

– Não sei direito. E você?

– Desfile.

As frases entre os dois continuam sendo as mais banais. Mas a maneira como eles falam, como se tivessem cuidado para escolher até a mais insignificante preposição, as pausas... A discreta valorização de um ou outro aparentemente inofensivo verbo, tudo isso mostra que tem alguma estranha eletricidade indo e voltando com as frases de Mia e Ben.

– Você já desfilou alguma vez?

– Uma. Para uma marca que ninguém conhece. E você?

– Não, mas passei alguns anos nos bastidores de desfiles.

– Tô ligado...

O fato de Ben não perguntar o porquê agrada Mia.

– Você não tá com sede, Mia?

Não, Mia não está com sede.

– Estou.

Os portões que separam o pátio coberto do corredor se abrem. O movimento dos vinte garotos e garotas que estão saindo e os vinte que estão ali esperando para entrar congestiona o corredor. É esse congestionamento que faz Ben chegar mais perto de Mia.

– Ei, Mia, e se entre uma fase e outra do teste nós fossemos tomar um sorvete do outro lado da rua?

– Pode ser.

Mas não é o congestionamento da futura geração de top models o que faz Ben disparar um selinho nos lábios de Mia. É só vontade mesmo. Vontade que não escapa dos olhos de fogo de Malu, claro.

#ah! Mia 1111! Você deveria ter ficado longe de mim!

Conseguir fazer a inscrição para os testes da Top School! até que foi fácil. Klau só teve de preencher uma ficha e deixar que a funcionária da secretaria da escola, que estava de plantão, levasse seu celular para Antônia ver suas fotos. Feito!

– O difícil está sendo engolir aquela folgada.

Klau fala sobre Malu com Jako. Guel também escuta. Mesmo sob protestos da multidão que está em volta, Jako e Guel pararam de tocar um pouco.

– Pega leve, irmãzinha.

Guel quer saber:

– Você nunca pensou em ser modelo?

– E nem estou pensando agora.

– Pá, por que se inscreveu, então?

– Eu só quero que aquela folgada aprenda a respeitar os outros. Às vezes, esqueço que no mundo ainda tem gente assim.

– “Ainda”, irmãzinha?

– É o que mais tem, não é?

– Vocês acham mesmo?

Quem pergunta é o sotaque do português de Portugal de Guel. Jako pensa um pouco antes de responder.

– O mundo tá confuso, cara. Ao mesmo tempo em que penso que as diferenças e os diferentes estão incluídos, às vezes aparecem uns absurdos na minha frente e fico me perguntando se o mundo está voltando para trás.

– Eu acho que o mundo não anda para trás nem pra frente.

É Klau quem acaba de profetizar. A ideia dela assusta um pouco Guel.

– Sobre o que a Klau está a falar?

Agora que Guel está mais amigo de Klau e Jako, ele se preocupa menos em tentar falar português do Brasil. Em vez de responder, Klau sorri. Deve ser o milésimo oitavo sorriso dela para Guel.

– Esse jeito como você fala, Guel, "a" Klau... fica parecendo que nós três estamos falando sobre uma pessoa que não tá aqui.

– Desculpe.

– Não precisa pedir desculpa. Eu acho... charmoso.

– Pode ter certeza de que sei muito bem que a Klau está aqui.

Ouvir o que Guel acaba de dizer faz Klau dar uma engasgada. E Guel continua:

– O "nosso" português nem está mais tão diferente do português de vocês aqui do Brasil. Na nossa televisão, em Lisboa, a maioria das novelas brasileiras que passa nem é mais traduzida para o português, o que ainda acontece com os livros.

O que acaba de ouvir anima Klau ainda mais...

– Quer dizer que os livros brasileiros são traduzidos para o português de Portugal, mesmo sendo o mesmo idioma?

– A maioria, que eu saiba, sim. O idioma é o mesmo, mas a maneira de se expressar e de sentir cada um tem a sua.

O que Guel acaba de dizer deixa um silêncio um tanto quanto enigmático no ar. É o próprio Guel quem traz de volta um assunto que o está intrigando.

– Fiquei curioso com o que disse a Klau.

Leva uns dois segundos para Klau se lembrar do que tinha falado. Ela estava bem mais interessada em conferir as covinhas de Guel.

– Ah... Eu quis dizer que acho que as coisas, o mundo, o tempo, não andam para a frente.

– Então, andam para onde?

– É tudo circular. Como uma espiral, sabe?

– Não sei se entendi.

– Eu também não sei explicar muito bem. Só sei que acho isso.

– Será, então, que vou voltar com a minha família a viver em Lisboa?

Klau fica um pouco triste. É que ela percebe uma "certa saudade" no que Guel acaba de dizer.

– Você deixou saudade em Portugal?

É Jako quem pergunta. Klau não teve coragem.

– Deixei...

E antes que Klau tenha tempo de ficar triste, o garoto português completa...

– ... toda a minha família ficou lá.

Jako tem vontade de perguntar sobre outras saudades. Mas tem medo de machucar a irmã.

– Quando começou a crise econômica, meu pai ia ser demitido e a empresa onde ele trabalhava ofereceu um cargo aqui no Brasil.

Jako puxa mais assunto.

– Eu estava vendo outro dia, no jornal da TV, que cada vez mais imigrantes europeus estão vindo para o Brasil, principalmente de Portugal, mas também da Espanha, da Itália...

– Além do meu pai, uma tia minha também está de mudança.

Esse é realmente um assunto sobre o qual Jako gosta de conversar: a história do mundo.

– Já teve outro momento da história do Brasil em que os imigrantes europeus vieram pra cá. É um novo êxodo.

– Mas não é só para o Brasil que os europeus estão imigrando. Eles vão para a Índia, para a China...

– Essa mistura é muito legal!

O que Guel acaba de dizer interessa a Klau profundamente.

– Você acha mesmo?

A pergunta de Klau sai com um sorriso duplo.

– Acho...

E a resposta de Guel, com um sorriso triplo.

– ... Acho a mistura transformadora.

Não que Jako não esteja mais gostando da conversa ou que esteja enciumado, ele só quer voltar a tocar.

– Topa, Guel?

Mesmo ficando um pouco confuso com a gíria, *topa*, que ele acaba de ouvir, mas que entende perfeitamente o que quer dizer, é com ela que Guel responde.

– Topo.

Fazendo algum esforço para superar algumas camadas de timidez, Klau pede:

– Posso cantar?

A curiosidade faz os olhos de Guel quase pularem para fora.

– Oba!

Não demora muito para Guel conectar de novo as pick-ups. Demora menos ainda para Jako microfonar a guitarra. Em poucos segundos, os sons estranhos e vigorosos das pick-ups e os acordes da guitarra de Jako estão totalmente integrados.

– Estamos sem microfone pra Klau cantar!

– Microfone?

Para que Guel entenda na prática o tom de mistério de Jako, ele faz sinal para que Klau entre com sua voz.

– É com você, Klau.

– Então tá!

E Klau solta a voz. Uma voz com estranhos agudos. Límpidos, cristalinos e potentes ao mesmo tempo. Uma voz que encanta a galera que voltou a se juntar ao grupo. E encanta especialmente Guel.

Onde eu fui me meter?

É com essa pergunta se multiplicando e se multifacetando em sua órbita que Indira percorreu e continua percorrendo os quatro cantos da Top School!. O que será que ela quer?

Preciso encontrar a Alice!

Para quê?

Antes de ir embora, tenho que entregar a ficha de inscrição dela.

Sim, a garota indiana resolveu ir embora.

Eu não devia ter vindo!

Indira não está aguentando o medo e a estranha culpa que estão fazendo com que ela se sinta feia, desengonçada e também a pior garota de toda a face da Terra.

Eu nunca devia ter feito o que fiz!

– Gadra!

O nome que ela acaba de ouvir faz seu corpo tremer. Um estranho arrepio faz com que ela sinta a temperatura subir.

– Gadra!

É com o rosto ardendo e os olhos estranhamente umedecidos que Indira recua, conferindo, quem a está seguindo pelo corredor.

– Me espera, Gadra!

Só então ela para. Para, mas não se vira; o que faz com que o dono da voz circule em torno dela e se plante frente a frente com o olhar assustado e o corpo acuado.

– Não tá me reconhecendo, Gadra?

Indira não faz a menor ideia de quem seja o garotão alto, loiro, magro e com cara de viking que sorri para ela.

– Pelo visto, não. Eu sou o Heitor, lembra?

Fazendo um esforço sobrenatural, Indira consegue, pelo menos, esboçar três palavras.

– Ah... o... Heitor...

O garoto não se deixa enganar, mas continua bem animado com o encontro.

– Nós nos conhecemos naquele teste pro comercial da operadora de celular no mês passado...

– Desculpa...

Ufa! Indira consegue simular alguma normalidade!

–... desculpa, Heitor.

– Por que você não me ligou ainda?

Pelo que ela está entendendo da conversa, Indira percebe que houve alguma coisa mais do que um simples esbarrão entre o garoto e Gadra. Ela precisa ser rápida. É o instinto de sobrevivência que faz com que Indira arrume um sorriso e o estampe no rosto.

– Desculpa, Heitor, mas não posso falar com você agora. Meu namorado tá aqui...

– Namorado?

– ... e ele é muito ciumento.

Mais do que o ciúme dele, a existência de um namorado deixa o garoto furioso.

– Então, você me enganou!

Vendo que aquele encontro ainda podia piorar, Indira sai andando, sem nem ao menos se ofender com o adjetivo nada agradável que o garoto usou para definir o que acabava de perceber: que Gadra tinha um namorado e, ainda assim, ficou com ele.

Tenho que sair daqui voando! Não dá para esperar mais!

O que impede que Indira ponha em prática seu plano de voo é um novo chamado.

– Indira...

Impossível fugir do encontrão que ela dá poucos passos à frente. Trata-se de Ivan, que se separou de Olivia e Alice para ir ao banheiro.

Indira conhece Ivan, que conhece tanto ela quanto Gadra. Ivan é cliente do pet shop dos pais de Indira e de Gadra.

– O que você tá fazendo aqui?

Sem conseguir dizer nada, ela baixa os olhos.

– ... É você, não é, Indira?

Quando levanta os olhos do chão, Indira faz um esforço sobrenatural para tentar usar alguma expressão ou o jeito de olhar da irmã gêmea, Gadra.

– Tudo bem, Ivan?

Só depois que pergunta é que Indira lembra que, mesmo tendo a voz bem parecida, Gadra fala mais rápido do que ela.

Tarde demais!

Mas parece que Ivan não percebeu isso.

– Fiquei confuso agora!

Indira tenta acelerar o ritmo da fala.

– Confuso por quê, Ivan? Nós, eu e a Indira, já estamos mais do que acostumadas.

– Mas você estava na Índia, Gadra.

– Estava. Voltei pro teste.

– Nem avisou "as meninas"?

– Cheguei hoje de manhã.

– É você mesmo?

– Claro que sou.

O garoto ainda não está totalmente convencido de que esteja falando com Gadra.

– Pensando bem, deve ser a Gadra mesmo. A Indira nunca estaria aqui.

– Não mesmo.

Depois de pensar mais um pouco...

– Mas você estava andando igual à...

Indira sabe que precisa ser rápida.

– Eu estava tentando escapar do Heitor, um cara que conheci em um teste...

Só agora Ivan respira aliviado.

– Ah! Então, é você, Gadra. Eu me lembro muito bem dessa história que você me contou. Que alívio!

– Então, o Heitor queria ficar pegando no meu pé e eu...

O que faz Ivan interromper a explicação de Indira é a ficha de inscrição que ele vê na mão da garota.

– A ficha de inscrição da Alice? Você é amiga dela?

– Sou. Quer dizer, mais ou menos. Nós estávamos conversando e... bom, ela deixou a ficha cair e eu quero devolver pra ela.

– Ela tá lá fora, com a Olivia e uma galera, ouvindo o som de uns caras e de uma menina afinadíssima. Não quer se juntar a nós?

– Claro que quero.

– Mas me espera, vai... Só preciso ir ao banheiro. Número um. Rapidinho...

Indira e Ivan estão bem perto das portas dos banheiros.

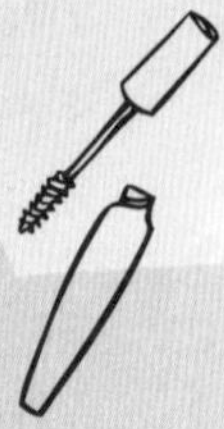

– Tá legal.

Ivan volta a ficar desconfiado.

– Mas não vá sumir, hein?

– Claro que não.

Mal Ivan entra no banheiro, Indira desaparece do corredor em direção à porta de saída. Confusa, triste, desabando, caindo aos pedaços, como se tivesse toda a sua energia consumida para se fazer passar pela irmã.

Eu nunca devia ter aceitado isso.

E chorando, chorando muito, chorando alto... Lambuzando o rosto com o rímel negro que passou para alongar o contorno dos olhos, como Gadra faz, para tentar se passar por ela.

Preciso lavar o rosto!

Indira já sabe que existem outros banheiros na escola – e bem distantes dos banheiros onde está Ivan. E é para lá que ela vai.

– Tá tudo bem com você?

É pelo espelho que Malu confere Indira.

– Não...

É a primeira vez, desde que chegou à escola, que Malu se interessa de fato por um assunto que não seja se aproximar de Ben ou derrubar suas mais fortes concorrentes.

Como não está vendo naquela garota frágil e assustada nenhuma concorrente à altura, Malu está – ou parece estar – realmente preocupada com os cacos de Indira que entraram no banheiro.

– Quer que eu chame alguém?

Talvez seja a proteção do silêncio e das quatro paredes do banheiro, mas Indira está um pouco mais aliviada.

– Obrigada... Eu só preciso lavar o rosto. Tô indo embora.

Para colocar em prática o que acaba de dizer, lavar o rosto, Indira coloca a bendita ficha de inscrição de Alice sobre o mármore escuro e carcomido da pia.

– Como assim?

Indira tem que tirar o rosto de debaixo da torneira aberta para entender o que Malu está falando. Nem Malu ainda está acreditando totalmente no que vê...

– É a ficha de inscrição da Alice!

A euforia de Malu com o que ela está entendendo – e, o que é pior, com o que ela pretende fazer com o que acaba de entender – quase a faz dar pulos de alegria.

#quer dizer que a Alice e a Mia têm o mesmo número de inscrição?

#isso vai acabar mal pra elas.

#e será ótimo pra mim!

7

– Preciso de um tempo...

É o que diz Antônia quando pede aos outros jurados e ao funcionário da escola que está organizando a entrada dos candidatos à Top School! que façam uma pausa.

– ... estou com uma vontade incrível de fazer xixi! Às vezes, eu também preciso ir ao banheiro, sabem?

Foi essa incrível vontade de fazer xixi que levou Antônia até o corredor. E estar no corredor fez com que ela se ligasse, e se interessasse pela música que vinha da área externa da escola.

– Quem será que está cantando?

Discretamente, porque Antônia tem consciência de que todo mundo sabe quem ela é, a dona da Top School!, ela vai até a saída do que se pode chamar de um salão para a área externa e fica por ali, tentando fazer seu olhar ultrapassar a multidão em volta do trio e focar na garota que canta.

– Gostou?

Quem pergunta é Betão, que acaba de aterrissar ao lado dela.

– Que voz linda!

– É aquela menina que se inscreveu na última hora.

– E que bela figura ela faz.

Mesmo concordando com Antônia, Betão não diz nada. Ele sabe que a temperamental Antônia não gosta que se metam em suas decisões na hora de selecionar os novos alunos da escola.

– E sobre o Benjamin, Betão?

– Conferi a ficha completa na secretaria. Nada de mais. Estou de olho no garoto.

– E o que os seus olhos já viram?

– Que ele está se metendo em uma bela confusão.

– Então eu estava certa?

– Eu não estou falando sobre drogas. Quero dizer, ainda não sei... mas...

– Mas...

– Eu vi o garoto beijando...

– Como assim *beijando*?!

– Calma, Antônia!

– Eu disse que eu não queria intimidade entre essa garotada.

– Foram dois "selinhos"!

– Nem selinho! Dois?

– Ilusão sua juntar mais de dois mil adolescentes lindos, cheios de hormônios, e achar que não vai acontecer nenhuma aproximação entre eles.

– É justamente para impedir isso que você está circulando.

– Sabe quanto tempo dura um selinho? Impossível chegar a tempo para impedir.

Antônia acha graça de seu próprio exagero. E Betão diz:

– E eu não disse nada, não fui conversar com o Benjamin sobre isso porque, como você mesma pediu, estou deixando o garoto solto para ver se ele vai mostrar alguma coisa errada além dos selinhos, que eu nem acho tão errado assim.

– Desculpe, estou exausta.

– Tá desculpada, chefe.

– Mas tenta dar um toque pra esse garoto parar

de distribuir selinhos por aí. Diga que aqui não é um posto dos Correios.

– Deixa comigo. O que está achando da garotada?

– Interessante.

Depois dessa resposta enigmática e que mostra que ela não quer falar mais sobre o assunto, Antônia se lembra da vontade de ir ao banheiro e deixa Betão sozinho. Solidão que dura pouco.

– E aí, Betão?

– Você não morre mais, Ben.

– Morro, sim, só espero que demore.

Mesmo com seu jeito desligado, Ben é rápido ao fazer a conexão entre o que tinha visto (Betão e Antônia conversando) e o que acaba de ouvir.

– Tô indo mal nos testes?

– Sobre os "testes" eu não sei.

– O que foi que eu fiz de errado?

– Tá muito afoito.

Demora um pouco para Ben se lembrar do que quer dizer essa palavra.

– Afoito com o quê?

– Não dá pra ficar beijando todas as garotas...

É do meio de um sorriso esperto que sai a próxima frase de Ben.

– Infelizmente, eu nem teria boca pra tudo isso. Só tem gatas aqui.

– É, mas pega leve, senão vou ter que passar uma fita crepe na sua boca. Eu já vi você beijando duas.

– Na verdade, foram três. Mas fica frio que acabo de levar mais um fora.

Depois do desfile, Mia, estranhamente, fechou a cara e pediu para Ben sair de perto dela, dizendo que tinha namorado. Como entendeu o sumiço de Alice também como um fora, ele computou dois foras até agora.

– Então, fica calminho e se concentra nos testes.

– Eu tô sempre calminho.

Soa mal para Betão o que ele acaba de ouvir.

– Sobre o que você está falando, Ben?

Soa mal para Ben a maneira quase brava de Betão falar.

– O que é isso, cara?

– Vou direto ao ponto, Ben: você usa drogas?

Os olhos de Ben focam os olhos de Betão sem nenhum temor.

– É a segunda vez que vocês me perguntam isso.

– Desculpe, Ben, eu tenho que ser sincero. Esse seu jeito meio desligado, tranquilão demais...

Essa escola, a Top School!, tem uma responsabilidade muito grande com os alunos... Enfim...

– Você acha que eu sou uma ovelha negra e que posso pôr o rebanho da Antônia a perder?

– Não estou dizendo que você seja. Só preciso saber se você é.

– Não, Betão. Eu não uso droga nenhuma. Não tenho idade nem vontade... E tenho muitos planos pra minha vida pra entrar nessa.

– Vou confiar.

– Pode confiar.

Quando vai saindo, Ben pensa em algo que faz com que ele volte.

– Betão...

– Diga.

– Você reparou nas duas últimas meninas que eu beijei, a Alice e a Mia?

Como Betão não sabe quais foram os selinhos que acompanhou e, por enquanto, também não sabe que Mia se chama Mia e Alice, Alice, ele dá uma resposta genérica. Resposta que, na verdade, é uma pergunta.

– O que é que tem?

– Elas estão vestidas com a roupa igual.

– É mesmo?

– Você não acha isso estranho?

– Tem cada figura maluca aqui, que...

– Mas elas não têm nada de malucas, pelo menos não nas roupas. Estão vestidas de um jeito bem normal.

– E o que você tá achando disso?

– Por enquanto, estranho.

– Foi por isso que você se aproximou das duas?

– Acho que não.

– Ou será que foram elas que se aproximaram de você?

– Será?

Parece que Betão está empolgado com sua própria hipótese!

– Ou o que será que fez vocês se aproximarem?

Ben sente um estranho, desconfortável e confuso arrepio – o primeiro dos muitos que ele ainda sentirá por causa de Mia e Alice.

– Isso não podia ter acontecido.

É o que Tutu, o irmão de Alice, diz a si mesmo enquanto rema sobre o skate em direção ao seu destino.

Tenho que chegar à Top School!.

Depois de algumas esquinas, avenidas e xingamentos de pessoas que vão pela calçada e quase são atropeladas pelo skatista alucinado, Tutu percebe que não será possível continuar. A quantidade de sangue que sai pelo canto da sua boca está aumentando.

Eu preciso salvar a Alice.

O cuspe vermelho que Tutu tem que jogar para fora aciona o instinto de sobrevivência e faz com que o garoto se coloque em primeiro plano e dê atenção à sua saúde.

Tá saindo muito sangue. Eu nem sabia que eu tinha tanto sangue.

É mentira. Claro que Tutu sabe que em seu corpo tem muito mais sangue do que o que está saindo de sua boca. Se bem que tem uma quantidade considerável de sangue saindo junto com a saliva.

Que estranho! Eu não tô sentindo nada!

Na verdade, a única coisa que Tutu está sentindo são algumas pontadas afiadas em algum lugar dentro da sua boca.

Acho melhor ligar para a minha mãe.

Caixa postal.

– Alô? Mãe? Aqui é o Tutu. Eu estava andando de skate, fui atropelado por uma moto, tá saindo um monte de sangue pela minha boca, mas tá tudo bem comigo. Assim que pegar esse recado me liga? Tchau, um beijo.

Quando Tutu vai apertar a tecla vermelha para desligar o celular, aparece uma mensagem: bateria fraca.

Mais essa, agora!

É pensando em guardar o restinho de bateria que tem que Tutu desliga o celular.

Daqui a pouco eu ligo de novo e tento falar com minha mãe.

Tutu sobe no skate, dá mais uma cuspida de sangue no chão e sai remando.

Bem que podia aparecer algum hospital.

Não é um passe de mágica, mas, a poucas quadras, Tutu encontra um hospital enorme, térreo, que ocupa um quarteirão inteiro, cercado por um belo jardim.

Eu nunca tinha visto esse hospital! Também, eu não ando por aí procurando hospitais.

Em frente ao hospital, há uma barraquinha com pacotes de salgadinhos, chicletes, latas de refrigerante e garrafas de água para vender. Ao lado da barraca, uma senhora negra, baixinha e gordinha, vestida de preto, de óculos escuros, está sentada sob uma sombrinha.

– Uma água gelada, por favor?

Enquanto a senhora pega a garrafa de água, Tutu percebe que ela é cega.

– Quanto é?

A mulher não diz nada.

Será que ela também é muda?

– Quanto é?

Nem quando Tutu repete a pergunta mais alto, quase gritando, a senhora responde.

Ela deve ser muda, sim!

Tutu vasculha a barraca e encontra uma lista de preços dos produtos. Depois de conferir o valor da água, ele pega uma nota no bolso e a coloca na mão da senhora. Só aí faz o que queria desde o começo: abre a garrafa de água, molha a boca e cospe fora a água com sangue em um jato para que caia na grama, bem longe dos pés da senhora e evitando sujar em volta da barraca.

– Obrigado!

Assim que Tutu se vira de costas para ir em direção ao hospital, ele ouve:

– *Não deixa, não deixa...*

Ele tem a impressão de ter ouvido a senhora dizer alguma coisa.

– A senhora falou comigo?

A senhora continua quieta e olhando para a frente, como se não tivesse dito nada e muito menos ouvido alguma pergunta.

Acho que eu não tô legal...

Mais confuso do que doente, Tutu chega à entrada do hospital. Ao pisar no saguão, sente certa sonolência.

O saguão é enorme, alto, limpo, totalmente branco e está praticamente vazio. Não é difícil para o garoto identificar onde fica o pronto-socorro.

– Sim, seu plano de saúde é aceito nesse hospital.

A recepcionista é linda e simpática. Parece mais uma princesa de desenho animado vestida com avental branco. E parece, também, ter acreditado na curta história que Tutu contou, dizendo que sua mãe já estava a caminho.

A princesa de avental também está disposta a acatar o pedido do garoto, que, como está perdendo muito sangue, fosse atendido antes de sua mãe chegar.

– Ok, você é quem manda!

Como Tutu tem pressa em ser atendido, nem se dá conta – ou acha estranho – de que a recepcionista que o recebeu é a mesma que faz a triagem na saleta ao lado da recepção, conferindo seus sinais vitais.

– Coração, pressão, temperatura... está tudo ótimo.

Porém, o sangue de Tutu continua saindo pela boca!

– Então, por que a minha boca tá sangrando?

Depois de um cuidadoso exame do interior da boca de Tutu, a recepcionista acaba com o mistério.

– Você quebrou um dente. Tem uma ponta parecendo uma faca afiada.

– Só isso?

– Só. Vou encaminhar você para o pronto-socorro odontológico, que fica no décimo primeiro andar do hospital.

O décimo primeiro andar está ainda mais vazio, limpo e, nele, tudo também é branco. O chão, as paredes, as portas...

Será que eu morri?

Como a gaze que a recepcionista deu a Tutu está suja de sangue, ele conclui:

Acho que não.

A porta em frente à cadeira onde Tutu está esperando para ser atendido se abre.

– Tutu?

A pergunta do dentista é um tanto quanto óbvia; só tem ele ali.

Mas espera aí: como esse cara sabe o meu apelido?

– Hum-hum.

O dentista que recebe Tutu é alto, muito magro, careca, quase tão branco quanto o avental que está usando, e, mesmo tendo todos os componentes do rosto no lugar (boca, nariz, olhos, sobrancelhas... tudo está onde deveria), parece que não consegue juntar uma parte com a outra para formar nenhuma expressão alegre, triste, brava...

– Quer dizer que o Tutu caiu do skate?

Quando responde a essa pergunta, Tutu já está sentado em uma cadeira de dentista cercado de equipamentos supermodernos por todos os lados.

– Hum-hum.

– Muito bom!

– Pra que isso?

Tutu está se referindo a uma injeção de anestesia com um líquido azulado que o dentista acabou de preparar e que pretende aplicar em sua boca.

– Para você me deixar cuidar do seu machucado.

É a ultima coisa que Tutu ouve antes de desmaiar, cair em um sono profundo ou atravessar sabe-se lá para que mundo.

Indira não teve tempo, energia e muito menos entendimento para tentar conter aquela garota atrevida e cheia de atitude que gritou que sabia quem era Alice e que, além de se interessar pela aparentemente inofensiva ficha de inscrição sobre a pia, pegou-a e evaporou do banheiro antes mesmo que ela conseguisse piscar os dois olhos assustados ou o terceiro olho confuso que ela acredita ter no centro da testa.

– Volta aqui!

Além do chamado de Indira sair baixo, sem energia, e nada convidativo para ser atendido, era tarde demais. Não havia nem mais uma gota de Malu no banheiro.

O que eu faço agora?

Bem, até aquele momento, Indira não tinha sido chamada para participar de nenhuma fase do teste.

O que poderia ser um aviso! Mas aviso do quê?

Se o que ainda prendia Indira à Top School! era a obrigação que ela sentia de devolver a ficha de inscrição a Alice, agora, quando o documento tinha sumido de suas mãos ou, para falar "a sua língua", quando o destino tirou das mãos dela essa obrigação, nada mais teria a fazer ali, certo?

Errado!

Ao mesmo tempo que a confusão fez com que essa palavra e exclamação, "Errado!", fechasse o raciocínio de Indira, elas, a palavra e a exclamação, reverberaram e fizeram eco do outro lado da Top School!, mais precisamente dentro da curiosa, acelerada e empolgada cabeça de Ivan, só que acompanhada de um pronome e de um verbo.

Tem algo errado!

Essa constatação fez o garoto multicolorido voltar correndo para o pátio coberto onde Olivia e Alice, perdidas em um estiloso mar de garotos e garotas, curtiam as evoluções sonoras das pick-ups de Guel, os arranjos das cordas da guitarra de Jako e os vocais cristalinos e raros de Klau.

– Vem comigo, Olivia.

– Pra onde?

Ivan puxa Olivia para um cantinho onde possa conversar a sós com a confidente, cúmplice e melhor amiga.

– Menina, eu tenho uma pra te contar...

Só que, no caminho para esse cantinho cúmplice, a dupla eletrizada esbarra em Rubão, o garoto tão careca quanto mal-humorado, vestido com calça, jaqueta e camiseta pretas, olhos pintados, que mais parece um lutador punk de muay thai e que disse ao Ben que aquele era um teste de cartas marcadas...

– Aonde "as duas" vão com tanta pressa?

O fato de Rubão tratar Ivan no feminino irrita mais Olivia do que o garoto, que, sem perder a pose ou a segurança, devolve:

– Pra bem longe da sua mísera, insignificante e ignorante existência!

Tanto a forma quanto o conteúdo do que acaba de ouvir deixam Rubão furioso. Parece que todo o sangue do corpo sobe para a cabeça, conferindo cor à sua fúria.

– Sorte sua que estou indo pra entrevista, seu #@#%*&*!

Claro que Rubão terminou a ameaça com um xingamento que nem é preciso repetir aqui. Aliás, o xingamento nem chegou a ser ouvido por Ivan.

Naquele momento, as ideias que estavam pipocando em sua cabeça e que ia dividir com Olivia eram muito mais interessantes para ele.

Quando chegam ao tal cantinho, a mísera existência de Rubão já está totalmente apagada da memória de Olivia e de Ivan.

– Babado fortíssimo, Olivia!

Essa é a senha usada por Ivan quando ele descobre alguma bomba nuclear prestes a explodir soterrada sob uma superfície que parece inofensiva.

– O que aconteceu, Ivan?

– Tem algo de muito errado acontecendo aqui!

Olivia tem razões mais do que suficientes para não duvidar das intuições, premonições e muito menos das fofocas de Ivan.

– ... há algo de podre no reino da Dinamarca!

Ivan nem precisaria ter recorrido à famosa frase de Hamlet, o príncipe perturbado de William Shakespeare. Olivia já está totalmente refém de sua curiosidade e tão perturbada quanto o príncipe Hamlet, à espera do que Ivan tem a dizer.

– Pare de fazer suspense!

O suspense serve para Ivan ganhar tempo. Na verdade, ele ainda está terminando de formular sua teoria.

– Eu vi as gêmeas...

As únicas gêmeas que os dois conhecem são Indira e Gadra; portanto, até aí, Olivia sabe sobre o que Ivan está falando.

– E?

– Mas só tem uma delas aqui.

– Não enrola, Ivan.

Realmente, Olivia tem razão. Ivan começa a exagerar na encenação.

– A Indira está aqui se passando pela Gadra. Pronto, falei.

– Como assim?

A pergunta óbvia de Olivia é totalmente ignorada pela inquieta perspicácia de Ivan, que continua:

– Essa coisa de irmãs gêmeas se passarem uma pela outra já rendeu muitos filmes, novelas, peças de teatro, torres...

– Mas a Indira não tem nada a ver com esse mundo fashion!

O que Olivia está querendo dizer é que tanto ela quanto Ivan sabem muito bem que, se Gadra sempre gostou de aparecer, Indira sempre foi mais discreta e introspectiva.

– Mais ou menos, Olivia.

– Qual foi a parte que eu não entendi?

– Eu também tinha pensando como você, que a Indira não tem nada a ver com uma escola de modelos...

– Ponto pras meninas!

– Só que depois eu me lembrei de que a Indira a, tracinho, do, tracinho, ra... inventar roupas. Quero dizer, ela não está tão fora assim do seu habitat natural.

– Não concordo. Aqui, as pessoas aprendem a ser modelo, a desfilar... Não a ser estilista.

– As coisas conversam, Olivia.

Olivia começa a ficar impaciente. Ela não consegue ver motivo para tanta euforia quanto Ivan. Na verdade, a garota está quase indignada: *como o Ivan consegue fazer tantas conexões e, o que é pior, se divertir tanto com o que é ainda um rumor, uma possibilidade... que ela nem está vendo?*

– Tá, Ivan. Então, onde está o tal babado forte?

– Você sabe como a Indira é, não sabe?

– Sei?

– Sabe: sincera, sustentável, adora os animais... É ética.

– É, sei.

– Então, por que a Indira está se fazendo passar

pela Gadra? Sendo mais objetivo: será que a Indira está "refém" da Gadra?

A euforia de Ivan já fez suas falas e hipóteses darem tantas voltas que Olivia está quase tonta.

– Essa parte eu sei... Ou não sei?

– Você não sabe, eu não sei... Mas nós já saberemos! Vem comigo. Temos que descobrir o que há de errado do reino da Top School!.

Por que não consigo sair daqui?

Quando pensa assim, Indira não se refere a portas fechadas, a cordões humanos de seguranças ou a possíveis labirintos ou obstáculos de garotos e garotas altíssimos, impedindo o acesso aos portões de saída da escola.

*Por que n*ão estou conseguindo ir embora?

Os portões estão liberados. Quem não está liberada é Indira.

Por quê?

Indira tem um compromisso com Gadra, isso é fato. E se Ivan estiver certo, por trás desse compromisso, que fez Indira aceitar se passar por Gadra, deve ter algo ainda mais perigoso que o risco que ela sabe estar correndo ao se fazer passar por outra pessoa.

Por que eu fiz isso?

Será que agora Indira está pensando sobre ter se passado pela irmã ou, ainda dentro dos coloridos limites da hipótese de Ivan, o que aconteceu entre elas que fez Indira ficar refém da irmã gêmea?

Eu tenho que dar o fora!

E enquanto Indira tenta, mais uma vez, colocar seu aparentemente banal plano em ação, o celular começa a pipocar dentro de sua bolsa verde bordada de lantejoulas espelhadas.

É ela!

Pelo toque, ela sabe que não é Gadra. Ao pegar o celular na bolsa, fica sabendo de quem se trata.

São eles!

A foto de Olivia piscando na tela do aparelho a cada toque faz Indira entender que Ivan já deve ter contato tudo para ela.

Tudo o quê?

Será que é melhor falar logo com a Olivia e o Ivan e abrir seu coração? Afinal, os dois são muito seus amigos. Mas a segurança que Indira estava começando a sentir escapa por entre o vão de seus dedos.

Eu não posso atender!

– Por que será que ela não tá atendendo, Ivan?

– Talvez ela não possa.

É a primeira vez que Ivan se refere à fofoca com a qual estava se deleitando com um certo ar de preocupação; como quem percebe que algum amigo querido – no caso, uma amiga querida – pode estar em perigo.

– Não possa atender por quê?

– Ela pode estar precisando de ajuda...

Agora não tem mais a mínima euforia, camada de glitter nem tom de quem está se divertindo na voz e no jeito de falar. O garoto fala com todo o cuidado. Típico de quem está preocupado.

– ... vamos atrás dela.

Olivia, que conhece muito bem os tons e os semitons de Ivan, sabe que tem alguma coisa ainda mais estranha e enigmática no jeito de o garoto falar.

– O que foi, Ivan?

Só agora Olivia percebe que, no lugar onde eles estão no corredor, na parede, bem acima da cabeça deles, está o pôster de Lara Fox.

– Ah! Encontrou sua deusa...

A modelo Lara Fox – que Ivan, Olivia e todos os outros garotos e garotas que estão fazendo teste para entrar na Top School! não têm idade para terem conhecido pessoalmente, é a diva das divas entre os habitantes do mundo da moda. Lara Fox era mais do que uma Lady Gaga turbinada, uma Madonna elevada à milésima potência.

– Ivan...

Lara Fox era linda, extravagante, carismática, bem-humorada, ecológica, namoradeira, desfilava como ninguém, gastava parte do que ganhava para ajudar na educação de adolescentes de origem humilde, como ela...

– Ivan...

... e, diz a lenda, morreu no ataque terrorista às torres gêmeas, em Nova York, em 11 de setembro de 2001 – o dia que mudou totalmente o rumo da história. Lara Fox estava no lugar errado e ninguém nunca ficou sabendo ao certo o que ela estava fazendo ali.

– Tô falando com você, Ivan.

Olivia precisa sacudir o braço esquerdo de Ivan, fino e tatuado com um cisne negro, para que ele se desconecte da imagem loira de Lara Fox fazendo uma careta com seus enormes olhos arregalados.

– Eu nunca tinha reparado.

Dá até um pouco de medo o tom distante dele.

– Reparado no quê?

– A Lara tem um olho azul e o outro é verde.

Mesmo conferindo que Ivan está certo, Olivia não consegue entender por que ele faz tanta cerimônia ao comentar isso.

– Devem ser lentes, Ivan.

– Tem razão. A Lara Fox adorava usar lentes de contato! Ela tinha até um par de lentes cor de abóbora...

Tirando ainda mais o chão dos pés de Olivia, Ivan muda totalmente o rumo da conversa.

– Temos que ser rápidos.

– ?

– Tô com medo da Indira fazer alguma besteira maior do que a que ela já fez. Vamos logo.

Ivan e Olivia disparam pelo corredor para tentar achar Indira, mas o nome e a foto de Ivan pipocando nos monitores mostram que ele está sendo chamado para a entrevista.

– Eu não posso deixar de ir, Olivia. Mas, enquanto isso, por favor, procura a Indira. Fica ligando pra ela. E, se a encontrar, segura aquela indiana maluca; segura a menina até eu aparecer.

Mesmo não gostando muito de receber ordens,

Olivia entende que o assunto pode mesmo ser sério. Por via das dúvidas, é melhor ela fazer o que Ivan está pedindo.

– Tá legal. Boa sorte, Ivan.

– Obrigado.

Os amigos trocam um selinho e cada um vai atrás de seu destino imediato.

– Outra vez!

O lamento de Ivan é porque o destino imediato dele o colocou novamente frente a frente com Rubão, que saía da sala das entrevistas, exatamente onde Ivan deveria entrar.

– Dá licença?

O pedido de Ivan é porque Rubão ficou parado entre a porta e ele, cruzou os braços e enrugou o rosto o máximo possível para plantar uma cara de mau.

– Pelo visto, chegou a hora de a "gatinha" perceber que a minha existência não é tão mísera...

Sem dar atenção à provocação, Ivan tenta contornar Rubão, que o segura pelo braço.

– ... e muito menos insignificante.

– Solta o meu braço.

– Primeiro pede desculpas.

– Primeiro solta o meu braço.

Enquanto fala, Ivan dá uma discreta mas certeira bica de direita na canela esquerda de Rubão, que o solta mais pela surpresa do que pela dor. Rubão não esperava que Ivan tivesse coragem de continuar a encará-lo depois do atrevimento do pontapé.

– Agora a gente pode conversar.

O tom de Ivan é para lá de misterioso e deixa Rubão mais desconcertado.

– Conversar?

– Qual é o seu nome?

Ainda bem desconfiado e já se armando para revidar, Rubão diz seu nome. Ivan capricha na ironia.

– Você não acha estranho, Rubão?

– O quê? Alguém ser tão ridículo como você?

Sem fazer muito esforço, Ivan fala com segurança e sem nenhum temor.

– Não, Rubão. É outra coisa.

– Fala logo.

– Aqui, hoje, deve ter, sei lá... duas mil pessoas fazendo teste, e você foi a única que se incomodou comigo. Eu devo ter mexido muito com você, hein?

Rubão começa a ficar vermelho...

– Talvez, Rubão, seja porque você quisesse ser igual a mim...

... e a transpirar.

– ... e já percebeu que não é capaz...

As mãos de Rubão se fecham, prontas para disparar.

– ... sabe por quê?

Os lábios dele começam a tremer.

– Porque pra um garoto poder colocar para fora a sua feminilidade, Rubão, ele tem que ser muito macho. E não é o seu caso!

Sem saber o que fazer, Rubão abaixa os olhos. E Ivan arremata:

– Se olhar na minha cara de novo, eu chamo os seguranças.

Respirando fundo, para tentar focar na importante missão que tem pela frente, Ivan entra na sala para a entrevista com os olhos um pouco úmidos (claro que não é muito fácil para ninguém fazer o que ele acaba de fazer), mas certo de ter agido corretamente.

– Muito bem, garoto!

É o que diz Antônia enquanto Ivan se posiciona para a entrevista. Só agora ele percebe que, como a porta estava aberta, Antônia e os demais da comissão julgadora ouviram a conversa que ele acaba de ter com Rubão.

– Obrigado.

Fica claro para Antônia que Ivan não quer falar sobre o assunto. Ela diz:

– Acho que nem preciso entrevistar você, Ivan.

Ainda bem que Antônia pensa assim. Ela nem conseguiria. Malu entra na sala, radiante, vilã disfarçada de super-heroína, pronta para arrasar.

– Desculpa, Antônia, mas eu tinha que fazer isso.

Ninguém pode negar que Antônia seja simpática à personalidade forte de Malu.

– Fazer o quê, garota?

Entregando a ficha de inscrição de Alice para Antônia, Malu completa o seu número.

– Tem duas meninas querendo fraudar os testes para a Top School!

Ivan se recupera da surpresa com o que acaba de ouvir, antes de Antônia e da comissão julgadora.

– Babado fortíssimo!

8

– Se ninguém entende uma menina, quanto mais duas.

Foi o máximo que o desligado Ben conseguiu dizer depois de ouvir as estranhas profecias nas quais Betão tentou falar que seriam as garotas – ou algo além delas; uma força superior – que teriam aproximado Ben de Alice e de Mia.

– Melhor deixar essas meninas quietas.

Era mais confortável para Ben se manter focado em seu próprio umbigo e continuar acreditando que foi sua vontade de espalhar selinhos que fez com que seus tênis premeditadamente desgastados se arrastassem em direção às duas garotas que, na sua opinião – e talvez na opinião da maioria dos outros garotos e garotas que estão fazendo os testes –, são as mais bonitas, interessantes e beijáveis!

– Valeu, Betão.

Só que Ben não tinha a menor intenção de deixar quietas as belezas interessantes e beijáveis de Alice e de Mia. E muito menos Betão acreditou que isso fosse acontecer.

– Vá com calma, hein, Ben?

– Deixa comigo.

Mais do que o próprio Ben, Betão tinha recursos para tentar saber quem eram as garotas vestidas da mesma maneira e que foram atraídas ao mesmo tempo pelo interesse de um dos candidatos com mais potencial de entrar para a Top School!.

Acho que a Antônia não vai se incomodar...

Antes de vasculhar os computadores da secretaria da escola, Betão se convenceu de que, na verdade, estaria cumprindo sua obrigação de zelar pelo "equilíbrio" do dia do teste, e não fazendo alguma coisa errada.

... é, ela não vai se incomodar!

A secretaria fica no terceiro e último andar do prédio.

– Quem é vivo sempre reaparece.

Nenhum dos três funcionários que estão trabalhando com Simone na secretaria da Top School! consegue ignorar o espalhafato da loira oxigenada, malhada e sarada, típica de anúncio de revista feminina, quando ela percebe que quem está entrando é o "lindo!" e "maravilhoso!" Betão – aquele que faz o papel principal de todos os seus sonhos de amor puro, sincero e verdadeiro.

– Tudo bem, Simone?

O cumprimento quase frio mostra que Betão não tem o menor interesse em aceitar o papel que Simone reservou para ele.

– Mais ou menos...

Betão entende perfeitamente o tom enigmático e preocupado de Simone.

– ... quer dizer, menos.

Saber que existe um "mais ou menos" faz Betão mudar totalmente o seu tom quase frio.

– Está na hora de irmos ao bebedouro?

Mesmo Simone sabendo que o convite é para aprofundar a conversa, e não para Betão declarar o amor que não sente, ela praticamente se ejeta da cadeira. Parece até que Simone teme que ele mude de ideia.

– Demorou!

O bebedouro fica no corredor, logo na saída da secretaria. O corredor está vazio. Ouve-se a bagunça da garotada nos andares de baixo.

– O que aconteceu, Simone?

Claro que ela não perde a chance de fazer um pouco de suspense.

– Como vão as coisas lá embaixo, Betão?

– A bagunça de sempre!

Mas Betão não quer perder muito tempo e vai direto ao assunto.

– Conseguiu falar com "ele"?

"Ele" é o proprietário do prédio onde funciona a Top School!.

– Infelizmente consegui.

– Ele não aceitou a proposta de dobrar o valor do aluguel?

Há algumas semanas, Antônia recebeu uma carta do proprietário do prédio onde funciona a Top School! que dizia: como o valor do aluguel dos imóveis na cidade tinha subido muito, ele precisaria quadruplicar o valor que ela pagava.

– Além de não aceitar, agora, nem se a Antônia quisesse... ou pudesse... Ele retirou a proposta de multiplicar por quatro.

– Por quê?

– Ele quer vender o prédio e já arrumou um comprador.

– Não pode ser!

– Já é... Nós temos um mês para devolver o prédio.

– Mas e se a Antônia se propuser a comprar?

– Com que dinheiro?

– Sei lá... Um empréstimo.

– Pelo visto você não tem a menor ideia da situação financeira da Top School!, não é?

– ?

– Então é melhor eu não comentar nada. O que você veio fazer aqui em cima de novo?

A pergunta de Simone traz Betão de volta ao seu assunto.

– Eu preciso de mais um favor seu...

Simone percebe que tem simpatia demais no jeito de falar de Betão.

– Preciso pesquisar a ficha de duas inscritas.

– Mais algum problema?

– Não sei exatamente, mas quero apurar quem são as meninas antes de levar o assunto para a Antônia. Você me ajuda de novo?

– Claro que ajudo.

A mais nova dupla de detetives de plantão entra na secretaria; Betão coloca seu radiotransmissor sobre a mesa e se senta ao lado de Simone, que aciona o arquivo com as fichas completas dos concorrentes às vagas da Top School!.

– Você tem o número de inscrição delas?

– Não... Só o primeiro nome e, claro, conheço as duas fisicamente.

– Vamos fazer a busca por nome. Espero que elas não se chamem, por exemplo, Alice.

A brincadeira de Simone assusta Betão.

– Como você sabe? Uma delas se chama Alice.

– É o nome com mais garotas inscritas. Alice está na moda. Alice para meninas e Gabriel para meninos. Tem mais de 100 Alices e 18 garotos chamados Gabriel.

– Vamos começar, então, pela outra garota: Mia.

Depois de digitar o nome "Mia" na área de busca do programa do computador, aparecem as fotos e duas garotas. Uma é oriental.

– Não. É a outra.

Simone lê o nome completo e o número de inscrição de Mia.

– Mia Vianna Berg. Número de inscrição 1111.

Uma ficha com as fotos e informações de Mia está na tela. Não é preciso perder muito tempo para Betão "diagnosticar" que Mia é filha única da ex-modelo Eva Berg, seu pai morreu, ela mora só com a mãe, estuda em uma escola bilíngue, mesmo tão jovem conhece parte do mundo, tem talento para médica...

– Ok! Por favor, deixa a Mia de lado e vamos buscar a Alice.

– Temos que ir de foto em foto.

Leva alguns minutos para a pesquisa de Simone mostrar a quadragésima sexta Alice.

– É essa!

A ficha de Alice também não traz nada de muito interessante – pelo menos não sob o ponto de vista de um detetive especializado em mistérios sobre a vida de garotas jovens e lindas que gostam de se vestir igual. Alice é um ano e pouco mais nova que Mia, é filha adotiva de um casal de classe média, tem um irmão um pouco mais novo do que ela...

– Será que o fato de Alice ser adotiva...

Mas um pouco abaixo, essa dúvida se desfaz: Alice escreveu que sua família era do sul do Brasil, mais precisamente de Santa Catarina; os pais biológicos tinham morrido em uma enchente que praticamente acabou com seu bairro inteiro e que, por causa disso, ela, Alice, tinha até síndrome do pânico.

– ... não faz muito sentido elas serem irmãs.

Esvaziando essa possibilidade, Betão fica também sem nenhuma outra hipótese com que se animar, até que Simone...

– Espera um pouco, Betão.

– O que foi?

– O número de inscrição da Alice... É o mesmo número da Mia: 1111!

– Não estou entendendo.

Betão nem tem chance de entender. A voz de Antônia começa a soar em cima da mesa.

– *Betão?*

– Pode falar.

A ligação está péssima. Um chiado quase encobre a voz de Antônia.

– *Acho que temos um problema...*

– Não só um!

Antônia não entende o que Betão acabou de dizer.

– *... por favor, vá até a secretaria.*

– Já estou aqui, chefe.

– Então, levante a ficha de duas alunas. Elas estão com o mesmo número de inscrição. E você sabe muito bem o que isso quer dizer, não sabe?

– Babado fortíssimo!...

Quando Ivan soltou essa exclamação na sala das entrevistas, ao ouvir de Malu que talvez houvesse uma fraude no reino fashion da Top School!, ninguém deu muita atenção.

... e eu que pensei que o fato de a Indira se passar pela Gadra é que era o babado! A Olivia nunca vai me perdoar por estar perdendo isso!

Várias foram as razões para Ivan recolher suas últimas exclamações em seus pensamentos. A principal delas é que ele rapidamente poderia ser convidado a se retirar; e essa era a última coisa que ele queria.

Só saio do olho desse furacão morto!

Pode-se chamar de admiração o sentimento de Ivan ao perceber Malu tentando pintar com cores fortíssimas uma coisa que, pelo menos até aquele momento, não tinha uma dimensão que justificasse o tom de urgência e gravidade dela.

– É o nome da Top School! que tá em jogo, Antônia.

– Calma, Malu.

– Você não pode deixar fazerem isso com a sua escola.

Parecia que Malu tinha descoberto uma invasão extraterrestre, o roubo da pensão de uma velhinha ou mais alguma falcatrua de empresários ou políticos corruptos que a toda hora aparece na televisão.

– A Top School! é a melhor do muuundo!

– Um pouquinho de calma, Malu. Por favor.

Malu estava começando a exagerar.

Mas uma coisa sou obrigado a reconhecer: essa garota sabe transformar o universo ao redor dela no que quiser. Viva Malu!

Depois dessa constatação, Ivan, como uma centopeia preguiçosa que se arrasta procurando sombra, começou, discretamente, a tentar sair do foco de luz onde tinha plantado as botas de cano alto para participar da entrevista.

Acho melhor eu me apagar!

Esse foi o erro. Enquanto ele se mexia, Antônia se lembrou dele.

– Ivan...

E, mudando totalmente o tom bravo, surpreso e preocupado com que vinha falando para um tom gentil, afinal Ivan não tem nada com isso!, Antônia pede...

– ... por favor, acho melhor você sair.

– Tem certeza?

– Como eu disse antes, sua entrevista já está mais do que feita. Agora, vou ter que resolver esse... assuntinho.

Malu não pode deixar Antônia minimizar seu grande trunfo chamando aquela catástrofe cataclísmica!!! de "assuntinho".

– Isso não é um "assuntinho", Antônia.

– Menos, Malu.

– Desculpa, mas estou furiosa com essas meninas.

– Tudo bem, mas tenha um pouco de calma...

E, voltando a falar com Ivan, Antônia confirma...

– ... por favor, espere lá fora as outras fases do teste e não comente com ninguém o que você ouviu aqui.

– Com ninguém, Ivan!

Mais uma vez Malu quer controlar tudo.

– Menos, Malu.

Mal ele sai (a perna esquerda de Ivan, do joelho para baixo, ainda estava dentro da sala!), e o garoto já aciona o celular para tentar fazer sua voz e a nova fofoca chegarem até Olivia antes do seu corpo magrelo e corajoso.

Atende logo, Oliviaaaa! Tenho tantas novidades!!!

Nem a tentativa de alongar o nome da amiga para, quem sabe, fazer com que sua voz chegue antes da chamada telefônica consegue ajudar o garoto.

Também, nessa barulheira toda...

Mas a barulheira toda não impede que Ivan veja...

... Indira.

Se é que se pode chamar pelo nome inteiro o pedacinho de garota que está sentado em um dos degraus que levam para o segundo andar, trançando os braços em volta do corpo magro e curvada sobre o estômago que nunca comeu carne vermelha... Triste, confusa, assustada e chorando. Chorando por tudo o que já sabe. Chorando pelo que teme. E chorando até por aquilo que não tem a menor ideia de que possa acontecer.

No que essa menina foi se meter?

Mesmo sendo um pensamento, o tom de Ivan não é de censura nem de crítica, e sim de quem quer ajudar. E a melhor ajuda que o garoto acha que pode dar a Indira nesse momento é sentar-se ao lado dela.

– Tô aqui, viu?

Quando levanta um pouco a cabeça para conferir se é mesmo quem ela pensa que é, e ao confirmar que sua hipótese está certa, Indira, com um impulso de sobrevivência, passa para o abraço de Ivan o peso de sua cabeça.

– Por favor, me ajuda, Ivan.

Claro que ela já sabe que Ivan entendeu tudo desde o começo.

– Você tá maluca, é?

O jeito brincalhão de Ivan é para tentar ajudar Indira a se acalmar pelo menos um pouquinho.

– Acho que sim...

O que Ivan queria era perguntar por que Indira aceitou se passar por Gadra. Mas ele sabe que, se fizer essa pergunta assim, diretamente, não terá resposta nenhuma.

– Alguém aqui da escola já sabe o que está acontecendo?

Indira arregala os olhos para mostrar que não entendeu o porquê daquela pergunta.

– Você já participou de alguma fase do teste, Indira?

– Não.

– Então, ainda tá em tempo...

– Do quê?

– De você enxugar esses seus olhos negros liiindos, levantar seu corpo ma-gérrimo e dar o fora dessa mentira que pode acabar... péssima!

– Eu...

– Você o quê?

– ... tentei, mas não consigo.

– Como não consegue?

– Eu não posso.

Ivan começa a ficar assustado.

– Você não consegue... Não pode... Ir embora? É isso?

– Eu não posso, Ivan, você entende?

– Claro que não!

Indira tenta dizer algo, mas se assusta.

– Isso é muito sério, Indira. E errado.

– Eu sei.

– Você já imaginou o que pode acontecer se...

Para Ivan, está tudo tão estranho que ele nem consegue terminar a frase.

– Indira, Indira, Indira...

Só depois de algum tempo, e entendendo que deve haver ali algo muito pior do que brincadeira, cumplicidade ou laço de sangue entre duas irmãs, Ivan consegue levar uma ideia até o final.

– ... por que você tá fazendo isso?

Quando Tutu acorda, não sabe se já se passaram minutos, horas... ou dias.

Acho que eu não tô legal!

"Acordar", assim, com todas as letras, ainda é um pouco de exagero. Tutu está mole, com a cabeça rodando...

Será que foi a anestesia que me deixou assim?

A dúvida de Tutu parece óbvia, mas não é. Ele não tem certeza se o que o fez dormir foi a anestesia do dentista.

Antes de chegar ao hospital, eu já estava ficando meio sonolento.

Por falar em dentista...

Aquele cara era muito estranho! Cadê ele?

Tutu continua sentado na cadeira do dentista, mas não tem ninguém com ele.

E nem tô ouvindo barulho lá fora. E se eu morri?

Se Tutu morreu, acaba de ficar provado que do lado de lá tem espelhos, amostras de dentaduras, motorzinho de dentista e um monte de diplomas pendurados nas paredes.

Esse dentista deve ser importante! Tem diplomas em vários idiomas.

– Dr. Max!

Mesmo Tutu dizendo "Max" em voz baixa, o nome que aparece em todos os diplomas que ele conseguiu conferir da cadeira onde está sentado, parece que alguém fora da sala ouviu a voz do garoto.

Tá vindo alguém!

Só que, quando os passos que Tutu estava ouvindo chegam à porta, o barulho some e ninguém entra.

Cadê o cara?

Nem o dentista nem a assistente do térreo, nem ninguém.

Preciso ligar pra minha mãe!

Conferindo o celular no bolso da bermuda, do lado direito, Tutu lembra que no bolso do lado esquerdo tem algo muito mais importante para conferir: a corrente com o pingente.

Tá aqui! Ufa! Eu tenho que entregar pra minha irmã.

Em vez de acionar o celular, Tutu se levanta da cadeira de dentista, ou melhor, tenta se levantar, mas sente uma tontura.

Acho que ainda não tô legal!

O garoto está enganado. Depois de uns três segundos sentado, Tutu começa a se sentir totalmente recuperado.

Tô legal!

Recuperado é pouco.

Tô ótimo!

Ele está se sentindo ótimo, mas a sensação de tanto bem-estar o assusta.

Eu devo ter morrido mesmo!

A maneira que Tutu encontra para confirmar se foi isso mesmo que aconteceu, se morreu, é simples:

Vou ligar pra minha mãe.

Assim que Tutu liga o botão *power* e o aparelho faz o reconhecimento dos dados, aparece uma mensagem de texto de Couve-Flor, o amigo que ele havia deixado na porta do prédio.

"Kd Vc, Kra?"

Acho que no além não chegam mensagens de texto dos amigos. Ou será que chegam?

Tutu está realmente se sentindo bem.

Tô bem até demais!

Conferindo o relógio do celular, Tutu entende que já se passaram algumas horas desde que ele saiu de casa.

Eu fiquei todo esse tempo dormindo? E a minha mãe!? Ela deve estar muito preocupada!

O garoto tenta falar com a mãe.

Caixa postal, pra variar!

– Alô, mãe, sou eu. Já deixei um recado antes, você pegou? Me liga, se conseguir!

Quando diz "se conseguir", Tutu sente um estranho arrepio.

Vou tentar meu pai! Mesmo não sendo dia de eu ficar com ele, alguém tem que vir me buscar.

Uma voz feminina diz que o telefone do pai de Tutu não pode receber esse tipo de chamada.

"Esse tipo de chamada?", será que ela tá falando sobre chamadas do além?

Finalmente, Tutu liga para o amigo.

Caixa postal também? Dar caixa postal no telefone do Couve-Flor é estranho!

– Alô? Sou eu, cara. Aconteceu ou tá acontecendo um troço muito louco e estranho comigo. Me liga. Pode ser a cobrar, se estiver sem crédito. Valeu!

Só agora Tutu lembra que sua boca estava sangrando.

Parou de sangrar.

Conferindo com a língua a arcada dentária, Tutu percebe que também não tem mais a ponta afiada do dente incomodando.

Pelo menos, o cara arrumou a minha boca. Bom, acho que eu vou dar o fora daqui.

Tutu se levanta sem dificuldade.

Sarei mesmo!

A porta está destrancada. Não tem ninguém por perto. O skate e o capacete dele continuam apoiados em uma das cadeiras do...

Não tinha um corredor aqui?

Na verdade, onde Tutu pensava que haveria um corredor o que se vê é uma saleta de espera com cadeiras tão brancas quanto o chão e as paredes.

Onde é que fica o elevador?

Também não tem elevador nenhum.

Mas tinha!

O que tem é uma porta que está apenas encostada.

Será que eles me mudaram de lugar? Mas então mudaram a sala do dentista também! Xiiiiii... Que estranho!

A porta encostada leva Tutu ao mesmo saguão branco, de teto alto e vazio por onde ele entrou no hospital.

Cadê a moça que me atendeu?

Enquanto caminha em direção ao balcão, ele percebe que onde antes tinha uma garota tem um cara. Um cara jovem, vestido de branco e com pinta de quem pratica esporte nas horas vagas. Esse cara está jogando paciência no computador.

– Ei?

O cara não desgruda os olhos da tela, mas Tutu percebe que ele sabe que o garoto está ali.

– Onde está a... e o... e o...

O "a" é para perguntar pela recepcionista que recebeu Tutu. O primeiro "o", para saber sobre o dentista. O segundo "o", para perguntar do elevador. O que faz Tutu parar no "a" e nos "os", os artigos das perguntas, é entender que não teria resposta nenhuma.

– É por ali.

Só que ele teve. Quer dizer, não foi bem uma resposta, foi mais uma sinalização. A meia frase do cara jogando paciência até assusta Tutu.

– Por ali o quê?

– A saída é por ali.

Ao identificar a porta de vidro na direção para onde o cara apontou com o queixo, Tutu não perde nem um milionésimo de segundo e dá o fora, para conferir aonde é que aquela porta dá acesso.

#estou conseguindo!

Toda a atenção de Malu está concentrada em "espalhafatar" (traduzindo: espalhar com espalhafato!) sua hipótese de que tem "alguéns" (Mia e Alice) tentando fraudar a concorrência pelas vagas da Top School!

#estou conseguindo!

– É um absurdo, Antônia!

Malu não mede esforços...

#estou conseguindo!

... e toma todo o cuidado ao escolher as falas de sua encenação: verbos curtos, fáceis de entender e que não compliquem muito a compreensão de quem está ouvindo.

– Ninguém pode fazer isso com você, Antônia.

Além disso, Malu faz questão de usar todos os verbos no presente, e não em um tempo que possa deixar parecer que o que ela diz não é uma verdade, e sim uma hipótese.

– Eu tenho certeza de que você...

O que pendura no ar o final dessa frase é o fato de ela perceber que Antônia acionou o rádio e está pedindo para alguém lhe trazer as fichas de Mia e Alice.

#consegui!

De fato, Malu está conseguindo alguma coisa. Será que é o que ela pretende? Pouco provável! Seria preciso que ultrapassasse suas muitas camadas para chegar à primeira camada de Antônia, que está a menos de vinte centímetros de distância.

– Estamos fazendo o que é melhor, Antônia.

Bem arrogante a maneira de Malu cumprimentar Antônia pelo que ela acaba de fazer. Mais arrogante ainda ela se incluir no mérito da dona da Top School!.

– É melhor você sair, Malu.

#como assim? ela está me igualando àquele gayzinho? quem ela pensa que eu sou?

– Eu nunca deixaria você sozinha em um momento como esse. Pra mim, você já é como uma...

– Já chega, Malu.

Antônia fez questão de dar limites a Malu com um sorriso; o que deixa a garota ainda mais furiosa.

– Mas Antônia...

Betão acaba de entrar com duas folhas de papel na mão.

– Quem manda aqui sou eu.

Vendo a garota ficar ainda mais furiosa, Antônia tenta relativizar o que acaba de dizer.

– Não sabemos o que aconteceu ou está acontecendo. Por enquanto, eu agradeço pelo que fez e peço que não comente com ninguém. Se comentar, você estará desclassificada.

– Quer dizer que eu faço tudo o que fiz e ganho, como recompensa, ser desclassificada?

– Não exagera. Eu só estou pedindo que você seja discreta, e já percebi que você tem certa dificuldade pra isso.

– Tudo bem!

Batendo as solas dos tênis no chão, Malu dá as costas para Antônia e sai.

– Que menina terrível!

Parece que Antônia não concorda com o que acaba de ouvir de Betão. Sorrindo, ela diz:

– Essa menina é ótima! Só precisa de um pouco de limite. Você demorou!

Betão prefere não dizer ainda o porquê de sua demora.

– Lá fora está o maior *rush*.

Enquanto Antônia confere as fichas, Betão começa a fazer um minirrelatório, contando que ele estava justamente procurando as duas garotas por causa dos selinhos de Ben e...

– Veja como são as coisas...

A frase um tanto quanto profética de Antônia interrompe o minirrelatório de Betão.

– ... essas meninas são duas fortíssimas concorrentes a entrar para a Top School!... ou eram, se fizeram alguma coisa errada com as inscrições.

Estranho... Pelo que conhece de Antônia, Betão acha que ela deveria estar bem mais brava com o que está acontecendo. Mas ela está mais intrigada do que brava. Ele diz:

– E também por acaso essas meninas foram as que beijaram o Ben.

Ao mesmo tempo em que vasculha as informações das fichas (altura, peso, cor dos olhos, onde estuda, minibiografia), Antônia quer saber de seu braço direito:

– O que você tá achando de tudo isso, Betão?

– Sinceramente? Nada. Coincidência. Mesmo o fato de elas estarem vestidas igual e...

– O que você acabou de dizer?

Na verdade, Betão está cada vez mais confuso e intrigado com o jeito misterioso de Antônia. Ele nunca a ouviu falar assim!

– As meninas estão vestidas com roupas iguais. Você não reparou quando as entrevistou?

Ao mesmo tempo em que ouve o “repeteco” da frase, Antônia encontra algo em uma das fichas que faz com que ela arregale os olhos e solte:

– Síndrome do pânico! Como o mundo dá voltas!

– O que você disse?

Já tentando recolher-disfarçar-camuflar as ligações com as coisas que está lendo e ouvindo sobre Mia e Alice, Antônia repete e explica só metade do que disse.

– Uma das meninas tem síndrome do pânico.

– E daí? Metade dos adolescentes tem esse tipo de “doenças da modernidade”.

– É verdade...

Foi o “é verdade” mais enigmático que Betão já ouviu.

– ... tempos modernos.

– Você está tão estranha, Antônia!

– E pelo visto vou ficar ainda mais. Betão, por favor, vá chamar essas duas garotas.

9

Procura-se Mia! Procura-se Alice!

Não é só na intrigada cara de Betão que esses chamados estão pululando, piscando ou pendurados.

O que será que elas aprontaram?

Uma outra cara, menos intrigada, mais curiosa e com um terço da idade da cara de Betão também quer saber onde Alice e Mia se meteram.

Elas não me escapam...

O dono da segunda cara é Ben, que, assim como Betão, está vasculhando a lanchonete, o pátio, as outras áreas comuns da escola, as escadas, os corredores, cada saleta de porta aberta, cada armário, prateleira, cada mínimo escaninho...

... eu tenho que achar a Mia! Tenho que achar a Alice!

As razões são diferentes, mas nenhuma das duas caras, nem a de Ben nem a de Betão, está disposta a deixar que as duas garotas escapem.

– Oi, Ben!

– Oi, Betão!

Talvez o interesse comum tenha feito Ben e Betão se encontrarem perto da entrada para a biblioteca.

– Você viu a Alice ou a Mia por aí, Ben?

O mesmo senso de oportunidade de Betão que identificou Ben como um possível informante sobre o paradeiro das garotas também colocou sua missão em perigo: Ben ficou muito desconfiado com a pergunta.

– Eu já não disse que não vou mais atrás delas?

Se é verdade ou não o que Ben acaba de dizer, não interessa a Betão. Nesse momento a questão é outra!

– Não é por sua causa que estou procurando por elas.

Pelo visto, a nova questão é ainda mais interessante do que a anterior.

– O que foi que essas meninas aprontaram, além de me deixar maluco por elas?

– Como é que alguém consegue ficar maluco por “elas”, assim, no plural? Você pode me dizer?

– Eu juro que, se entendesse, eu diria!

– ?

– Não faço a menor ideia de como isso aconteceu, Betão, mas as duas me... pegaram?

– O que você tá me dizendo? Nem você sabe direito o que tá acontecendo dentro de você, garoto?

– Mas pode confiar que não vou mais beijar ninguém aqui dentro.

– Mas tá procurando por elas.

– Você também tá.

– Tem razão.

– O que foi que elas fizeram?

A cada frase, Betão se sente mais amigo de Ben.

– Ainda não sei. Mas cuidado com elas.

– Tarde demais.

Tomando a confissão de Ben com uma brincadeira, Betão acena com a cabeça e vai em direção ao pátio descoberto. Ben vai no sentido contrário, em direção à lanchonete.

Achei!

Ponto para Ben! Alice está saindo com uma garrafa de água na mão.

– Tá fugindo de mim?

– Evitando.

– O nosso sorvete...

– Sorvete?

A surpresa de Alice com o que acaba de ouvir faz Ben lembrar que foi com Mia que ele tinha marcado de tomar sorvete, entre uma fase e outra dos testes. A cara de culpa denuncia o garoto. Alice lança um sorriso superior.

– Seria melhor você anotar as cantadas que tá distribuindo pela Top School!...

Vamos chamar de esnobação as reticências que Alice colocou no final de sua frase, fingindo e querendo que Ben entendesse que ela tinha esquecido o nome dele. E Ben...

– Meu nome é Ben. Se bem que, para quem se esqueceu do meu nome, você tá bastante ligada se espalhei cantadas ou não.

Outro ponto para Ben. Alice fica levemente sem graça. É muito estranho dizer "sem graça", para falar sobre Alice. Mesmo que ela tenha ficado sem jeito, um pouco atrapalhada e desconcertada com a rapidez do raciocínio de Ben, dizer que ela perdeu algo de sua graciosidade seria uma injustiça.

– Não é preciso ser muito esperta para perceber que um garoto como você...

– Se você não fosse muito esperta, eu nem estaria aqui na sua frente agora.

– Obrigada, "senhor" Ben, pela honra de sua companhia!

As ironias de Alice não estão conseguindo afastar Ben. E quem garante que é isso mesmo o que ela quer?

– Garotas bonitas, lindas... tem um montão aqui. Óbvio! Mas com o seu jeito de olhar não vi ninguém.

– O que é que tem o meu olhar?

– Ele é vasculhador. Nem sei se tá certo transformar "vasculhar" em "vasculhador"... Veja o que você faz comigo!

Essa ligeira sofisticada que Ben consegue dar à nova fase de sua cantada faz Alice sorrir.

– Você tá proibida de me sorrir assim!

Claro que Alice entende o que Ben quer dizer: um sorriso assim tão brilhante, que faz brilhar os olhos e também tudo o que há em volta é demais para o frágil coração do garoto.

– Estou mesmo!

Mas a maneira como ela arremessa as duas palavras que acaba de dizer, transformado-as em uma barreira, mostra mais do que Ben gostaria de ver.

– Esse "muro" tem nome.

Alice não pretende dar a Ben todos os detalhes do complicado papel que Richard ainda desempenha em sua vida. Mas depois do selinho, que a fez se afastar de Ben, ela percebeu que ainda continua ligada em seu ex-namorado; e, mesmo se tratando de um ex, ela se sentiu traindo o garoto.

– "Ainda" tem.

O "ainda" anima Ben; que tenta controlar a euforia.

– Quem sabe, se você me der o número do seu celular, a gente possa tentar contato de outro jeito. Se as ondas digitais são capazes de completar as ligações até debaixo da Terra, dentro do metrô, talvez não seja muito difícil ultrapassar os "ainda" muros.

Sem nem ao menos prestar atenção no erro que Ben acaba de cometer (as ondas da telefonia móvel não podem ser chamadas de digitais! Mas quem se importa?!), Alice dá o número de seu telefone, mas não pede o dele.

– Valeu, Alice!

Entendendo que aquele encontro já rendeu tudo o que podia para o momento, Ben se afasta, guardando no bolso da bermuda o aparelho onde salvou o precioso número do celular de Alice e brincando com o erro que cometeu no começo da conversa.

Tô misturando os assuntos! Será que existe Alzheimer na minha idade? Se liga, Ben!

Faro? Intuição? Atração magnética? Pouco importa o nome que se dê, o fato é que, não muito distante dali, descendo de um segundo andar sabe-se lá por quê, a vitoriosa cara de Ben encontra a furiosa cara de Mia, terminando uma ligação.

– Então, tá, Richard... eu estou tentando falar... se você...

– Achei!

– ... desligou na minha cara!

A exclamação de Mia era para si mesma, mas acaba chegando ao Ben e legendando/traduzindo/decodificando tudo o que o garoto precisaria saber para começar a conversa de um jeito marcante.

– Eu nunca desligaria na sua cara.

Mia faz a típica expressão de quem disse mais do que gostaria. Mas logo foca a atenção em Ben.

– Então, foi por causa de um Richard, que bate o telefone na sua cara, que você furou no nosso encontro?

Os olhos que ela arregala, as sobrancelhas que ela junta e os lábios que ela enruga... essa careta é a maneira que Mia encontrou para mostrar a Ben que não tem a menor ideia do que o garoto está falando.

– Tudo bem, Mia, não se pode chamar de encontro uma ida até a lanchonete da Top School!.

A explicação de Ben só confirma o que Mia já tinha entendido.

– Não foi comigo que você marcou de se encontrar na lanchonete da Top School!.

Quando diz isso, Mia ainda está sob efeito da suposta(?) briga com o suposto(?) namorado(?) pelo telefone. Essa parte, "pelo telefone", não precisa de interrogação, é a única coisa da qual se pode ter certeza. Mundo estranho!

– Não?

Quando ouve o que Mia acaba de dizer, Ben se assusta.

– O convite foi para ir tomar um sorvete. Nessa lanchonete não tem sorvetes.

O erro desconcerta Ben. Foi com Alice que ele tinha marcado de se encontrar na lanchonete. O garoto precisa disfarçar o desconforto.

– Foi mal, Mia. Mas pode chamar de empolgação!

– Empolgação?

– Não é todo dia que se encontra a garota dos nossos sonhos. E muito menos que se descobre que as coisas entre ela e um Richard qualquer não vão bem.

– As coisas estão péssimas...

Nem Mia entende o porquê de estar desabafando com Ben.

– ... e cuidado, Ben!

– O Richard é perigoso?

– A garota pode não ser tão dos sonhos assim.

– Eu aguento conferir.

– Tem mais uma coisa: os sonhos da garota ainda têm dono.

– Engano seu.

– ?

– Pelo que estou vendo, atualmente, esse cara só é dono dos seus pesadelos.

Nem o próprio Ben se achava capaz de uma mira tão certeira.

– Mandou bem, "Ben"! E desculpa pelo trocadilho infame!

– Só desculpo se você...

O que Ben ia dizer é que só desculparia se Mia aceitasse ir com ele, naquele momento, sem perder mais um minuto, até a lanchonete do outro lado da rua.

– ... aceitar...

Mas quando vê que Betão caminha na direção

de onde eles estão, já em companhia de Alice, ele tenta ser rápido.

– ... aceitar me dar o seu celular pra conversarmos melhor sobre os nossos sonhos. Agora, tenho que ir fazer o teste de vídeo.

Enquanto salva o número de telefone de Mia no celular, Ben começa a ficar aflito. Até troca o cinco pelo oito e tem que corrigir.

– É a pressa!

Além de saber que, com a aproximação de Betão, aquela conversa será interrompida, Ben sabe que, com a chegada de Alice, a investida sobre Mia colocará em risco seu futuro tanto com uma quanto com a outra garota. E isso é a última coisa que Ben quer nesse momento.

– Depois eu te ligo.

E lá se vai Ben pelo corredor, camuflando-se no mar de garotos e garotas dispostos a brigar por uma vaga na Top School!, e muito intrigado por ter trocado o conteúdo das conversas que teve com Mia e Alice.

Não será a primeira nem a última vez que Antônia faz alguma coisa pensando em outra ou em outras ou em muitas outras!

The show must go on! O show tem que continuar!

Com essa frase feita, entenda-se que Antônia quis dizer que, enquanto espera Betão conseguir arrebanhar, encontrar e trazer Alice e Mia até a sala, ela tem que continuar entrevistando as garotas e os garotos que ainda faltam.

E o que não faltam são garotas e garotos para serem entrevistados!

– Vamos lá, o que o Miguel quer que eu saiba?

É o primeiro garoto português que aparece para entrevista. Já apareceram alguns chineses, uma croata, um garoto e uma garota norte-americanos, uma mexicana, um argentino... e mais um monte de descendentes de africanos, italianos, espanhóis...

– Que eu sou português.

– Não precisava nem dizer. Está na sua ficha de inscrição.

Como é que as duas meninas conseguiram se inscrever com o mesmo número?

Quando Antônia volta de seus pensamentos, ela percebe que Guel deve ter dito alguma coisa que ela não ouviu.

– Desculpe, Miguel. O que foi que você disse?

– Eu perguntei o que a senhora quer que eu diga.

– Não precisa me chamar de senhora. Estou vendo aqui que você se identifica como DJ.

Só agora Antônia percebe que não está ouvindo mais a simpática música que vinha do pátio descoberto. Mesmo com os pensamentos tomados por Mia e Alice, ela reconhece Guel e tem neurônios disponíveis o suficiente para fazer a próxima sinapse, juntando pedaços do que está vendo com o que está pensando.

– Ah! Então era você que estava tocando?

– Eu, o Jako... e a Klau.

O destaque que Guel dá a Klau faz Antônia ameaçar um sorriso.

– Aquela garota canta muito bem, não acha?

– Sim, senhora.

– Não precisa me chamar de senhora, eu já disse.

– Mas posso chamar de Antônia? Assim...?

– Claro que pode.

– Fica mais fácil.

– Tudo bem. Então, você veio fugido de Portugal, Miguel...

O que acaba de ouvir o assusta. O rosto dele esquenta e se avermelha.

– ... quis dizer fugindo da crise econômica.

A explicação de Antônia o alivia um pouco. Um pouco!? A expressão de medo que Antônia deve ter percebido no rosto do garoto o deixa envergonhado.

– Desculpe, senhora.

– Quem tem que pedir desculpa são os países ricos da Europa.

Parece que Guel não entende a brincadeira, o que o deixa mais confuso.

– Eu quis dizer que acho um absurdo o que os países mais ricos da Europa fizeram com a Grécia, com Portugal...

Fica parecendo para Guel que aquela explicação de Antônia é mais do que um esclarecimento...

Ela está a me provocar?

... ainda mais pela maneira como ela termina a frase:

– ... você não acha?

– Eu acho esse assunto... economia, crise do euro... tudo muito confuso.

– Talvez você ainda não tenha idade pra entender.

– Talvez, mas o que eu sinto é que ninguém sabe direito aonde essas mudanças na Europa vão dar.

– Você não entende, mas sente. Interessante!

– É, eu sinto que o mundo está perdido, precisa mudar.

Tem alguma coisa empolgando Guel no que ele acaba de dizer que não cabe no significado de suas palavras. E isso interessa a Antônia.

– E você, Miguel, faria alguma coisa para mudar o mundo?

Como se fosse um filme, a imagem de três garotos, pouco tempo atrás, em volta de um computador, "hackeando", tentando invadir sites superprotegidos, aparece na cabeça de Guel. Esses garotos são seu primo Filipo, que está se mudando para o Brasil, seu melhor amigo Pedro e o próprio Guel.

#who cares?

Quando Malu tuíta esse seu pensamento em inglês, que significa "*#quem se importa?*", ela está querendo dizer a si mesma que chegou lá!

#yes, who cares?

Por "lá" entenda-se que sua vontade de vencer a qualquer preço atravessou o oceano, seu atrevimento sem limites alcançou o mundo sem legendas e o seu futuro perigoso está devidamente globalizado.

Se bem que, para falar com o mundo globalizado sem legendas que de fato interessa atualmente, Malu teria que tuitar também, pelo menos, em espanhol e em chinês.

não seja por isso:

#¿a quién le importa?

#谁会在意?

Estaria Malu se antecipando? Talvez sim. Porque, até agora, nem ela sabe o que acontecerá com Alice e Mia. E mais: Malu nem sabe se foi aceita ou não para fazer parte da Top School!.

#vocês é que pensam!

Mas nada disso importa. O que vale até agora, e independentemente dos resultados finais, é que as coisas estão acontecendo exatamente como ela queria. E graças às suas garras. O resto – o resultado –, se não for favorável, ela certamente dará um jeito de tornar a seu favor.

#não será a primeira nem a última vez!

– Oi, Malu!

A chegada de Ben em nada surpreende Malu.

– Oi.

Claro que ela continuava escaneando cada mínimo passo do garoto e sabia muito bem que ele vinha em sua direção. Assim como sabia que, antes disso, Ben tinha encontrado com Mia e com Alice e salvado o telefone de cada uma delas na memória de seu esperto celular.

– Tá perdida?

Pelo tom de voz quase desengonçado (e olha que, para alguém achar o tom de voz de Ben quase desengonçado, tem que fazer algum esforço!) e pela maneira desajeitada dele, como um labrador que acaba de derrubar com o rabo um vaso chinês milenar, Malu entende que Ben se acha em perigo.

– Tem alguém perdido aqui, sim...

Ben pretende se esconder nessa conversa até que Betão, Mia e Alice atravessem o corredor e sumam de seu campo de visão enquanto ele, é claro, suma do campo de visão do trio – especialmente das duas garotas.

– ... só que não sou eu, não é, Ben?

– Não sei do que você tá falando.

Na verdade, saber ao certo do que Malu está falando nem ela própria sabe. Ela só intui. E a intuição de Malu não é pouca coisa.

– Posso saber o que você quer com tantos... "telefones"?

Mesmo tentando se camuflar ao máximo, Malu não consegue esconder totalmente a ponta do iceberg de ciúme que ela está sentindo por não ter sido salva na extensão da memória de Ben, que é a agenda do celular do garoto.

– Você, hein?!

A risadinha aliviada de Ben, junto com esse híbrido, essa mistura de pergunta, afirmação e acusação, é porque ele já entendeu por onde atrair Malu e como aumentar o tempo ao lado dela.

– Você saiu de perto de mim queimando óleo, de tão brava, que nem deu tempo de salvar seu número... me dá o seu telefone?

– Eu saí queimando óleo? Quem ficou bravo comigo foi você!

– Por que as garotas sempre acham que fomos nós, e não elas, que cometemos os erros?

Malu também acaba de encontrar no que ouviu uma ideia da qual pretende se apropriar.

– Ah... Então, finalmente, você entendeu que se afastar de mim é um erro.

– Entendi. Mas quase não entendo...

– Agora, quem não tá entendendo sou eu.

– Você fez uma marcação muito cerrada...

– Eu!?

– ... pegou muito no meu pé.

– Não precisa traduzir uma expressão com outra. Eu também gosto de futebol.

Ben se anima como nunca tinha se animado com as autopromoções de Malu.

– Que legal! Pra que time você torce?

Resposta perigosa! E se Malu "errar" o time?

#melhor eu me proteger!

– Primeiro, você me ofende, Ben, e depois vem com esse papinho de "pra que time você torce"...

– Eu ofendi você?

– Sim. E muito.

– Calma!

– E não pense você que...

– Como você fala

O que Ben acaba de dizer está sem ponto final porque ele não usou nenhum para fechar a sua frase. Foi com um selinho que ele conseguiu fazer Malu parar de protestar.

– Se eu for expulso daqui a culpa é sua, Malu.

– ?

– Deixa para lá.

Nesse momento, continuar encenando interessa a Malu mais do que entender.

– Eu só te ofereci a atenção que achava que você estava precisando.

Agora é a hora de Ben não saber o que dizer:

– ?

– Assim como agora, garoto, eu vou dizer uma coisa que vai te livrar de um problemão.

– O que foi que eu fiz?

– Você, nada, mas as outras meninas que você andou beijando...

– Você viu?

– Todo mundo viu! Até a Hannah Waltman, naquele pôster na parede.

– E daí?

– Fica longe dessas meninas, Ben. Elas são perigosas. E fizeram algo muito errado.

– O que foi que elas fizeram?

– Ainda não posso dizer, mas...

Mesmo tendo dúvidas se Ben vai acreditar, Malu se faz de sonsa.

– ... você viu as duas passando por aqui com aquele professor bonitão e entrando na sala das entrevistas, não viu?

Já que é assim, Ben também se faz de sonso.

– Acho que vi...

– Então...

E, passando a falar mais devagar, Malu toma todo o cuidado para não repetir os pronomes, para dizer todos os erres e esses e caprichar nas concordâncias...

– ... se eu fosse você, Ben, eu apagaria imediatamente o número do telefone de cada uma delas da memória do celular para não me comprometer.

... porque Malu é esperta o suficiente para saber que tais detalhes ajudam a deixar as palavras e as frases mais claras, o que torna as ideias dentro delas muito mais perigosas.

– Venha comigo, Alice, por favor!

A maneira simpática, mas ao mesmo tempo cerimoniosa, com que Betão convidou Alice a ir com ele até a sala das entrevistas a deixou tão alegre quanto curiosa.

Será que já saíram os resultados?

Quando Betão e Alice encontraram Mia no meio do caminho, e ele também pediu a Mia, com a mesma simpatia e cerimônia, que o acompanhasse até a sala de Antônia, a curiosidade de Alice virou dúvida e sua alegria, medo.

Tem alguma coisa errada!

Como Betão já estava em companhia de Alice quando encontrou Mia, os sentimentos desta com o futuro que se configurava à sua frente foram direto para a dúvida e o medo. Ela imediatamente percebeu que estava em perigo. Tanto que nem respondeu ou apresentou resistência ao convite dele; apenas foi atrás dos dois em direção à sala de Antônia.

Apesar do barulho festivo das garotas e dos garotos por todos os corredores e ambientes por onde passaram, a caminhada do trio até a sala das entrevistas tinha o peso e o ritmo lento de um cortejo fúnebre. Parecia que nenhum dos três queria que aquela caminhada chegasse ao fim.

Nem Mia nem Alice ignoravam que se tratava de algum problema. Um problema que obviamente envolvia as duas.

Será que é porque estamos vestidas do mesmo modo?

Esse pensamento pipocou ao mesmo tempo nas tão confusas quanto lindas e levemente maquiadas expressões de Alice e de Mia.

Mas essas roupas não são nada incomuns...

Isso quem pensou primeiro foi Alice. Mas pela cabeça de Mia também passou uma ideia parecida e complementar.

... eu já vi uma garota e um garoto com camisetas iguais, só que a do garoto era cinza e a da garota, branca.

Desde que vi essa menina, eu sabia que ela...

A primeira palavra que vem à mente de Alice para terminar essa frase é "encrenca". Mas, estranhamente, ela não consegue encaixá-la no final.

... não é bem encrenca, ou só encrenca. Eu senti uma coisa esquisita. Parecia que eu estava em perigo.

A palavra que Mia escolheu para fechar seu pensamento – perigo – serviria perfeitamente para Alice ter colocado no final de suas "divagações sobre o mesmo tema".

Desde que se esbarraram, se chocaram, se perceberam... Desde que uma passou a saber da existência da outra, tanto Alice quanto Mia entenderam que estavam em perigo e que, depois daquele momento, a vida delas não seria mais a mesma.

Foi por isso que as duas, desde que colocaram os pés dentro das instalações da Top School!, fizeram questão de se evitar, de se desviar, de se camuflar e de se esconder uma da outra. Mas mesmo todos os desvios e esconderijos ao alcance delas não foram capazes de driblar o destino e impedir que Betão as encontrasse e acabasse de chegar com elas à porta da sala das entrevistas, onde Antônia as esperava.

– Por favor, esperem aqui na porta. Eu vou ver se tem alguém sendo entrevistado.

Assim que Betão abre a porta, aparece a figura de Jako, que tentava sair e quase levou uma portada no meio do nariz redondo.

– Desculpe.

– Sem problemas!

Depois de sorrir para Betão, Jako vasculha a beleza de Mia e Alice, sorri para elas também e sai da cena, pois percebeu uma tensão que não dizia respeito ao seu ressuscitado nariz.

– Podemos entrar.

Antônia acompanha com os olhos Betão entrar na sala com Mia e Alice.

Não! Não pode ser!

Esse pensamento de Antônia, que mistura dúvida e encantamento, faz o maior sentido. Antônia tem que se controlar para conseguir esconder o misto de temor e curiosidade que está experimentando desde que se deparou com o problema (duas meninas com o mesmo número de inscrição, e na verdade isso nem é um problemão, considerando os outros problemas que ela vive enfrentando!), leu as fichas de Mia e Alice (e ficou sabendo "como" elas eram!) e criou em sua cabeça uma teoria (de quem elas possam ser!).

Eu devo estar maluca!

As outras pessoas da comissão de avaliação saem da sala. Mia e Alice sentam-se nas cadeiras que Antônia indicou a elas.

É agora!

Depois de respirar fundo, Antônia finge normalidade e diz:

– Quem começa?

O tom de Antônia é tão sério quanto intrigado.

– Vocês ouviram a minha pergunta?

Claro que Alice e Mia ouviram. Elas só não sabem o que dizer.

– Quer que eu saia, Antônia?

O comentário de Betão é um tanto ridículo. Por que Antônia desejaria que seu braço direito saísse justamente em um dos momentos em que ela mais precisaria dele?

– É melhor você ficar...

Talvez o clima tenso e confuso, típico de uma panela de pressão pronta para explodir, tenha feito Betão dizer aquela bobagem.

– ... elas vão falar, não vão?

O tom do final da pergunta de Antônia incomoda ainda mais Alice, se é que isso é possível. Ela não consegue se segurar e diz:

– Você não vai explicar o porquê de nós duas estarmos aqui, Antônia?

Mia não gostou nem um pouco de ouvir a voz de Alice. E menos ainda de ela ter falado antes. Uma voz que parece fazer muito mais barulho dentro de Alice do que quando seus fones de ouvido gigantes estão ligados no volume máximo.

Para protestar, Mia cruza os braços e faz uma careta. O desagrado cheio de charme, os movimentos elegantes e a careta de Mia, que em nada diminuem a sua beleza, não passam despercebidos por Antônia.

– O que foi, Mia?

– Como "o que foi"?

Ouvir a voz de Mia também soa mal para Alice. Incomoda. Agride.

– Que "cara" é essa?

Antes de fazer sua pergunta, Antônia pega uma ficha de inscrição de cima da mesa: a ficha de inscrição de Alice, que Malu deixou com ela. E Mia...

– Não estou me vendo no espelho, mas deve ser a cara de quem está achando tudo muito estranho.

A ironia de Mia ao lançar a frase no ar mostra o quanto está nervosa e querendo que tudo isso – seja lá o que isso for! – acabe logo.

– Ah... Então são vocês duas que estão achando "tudo" muito estranho?

Como Antônia incluiu Alice no que acabou de dizer, a garota se sente no direito de responder:

– Eu...

– Claro que tá tudo estranho, Antônia.

E, ao responder, ela atropelou o que seria a resposta de Mia, que se ofende.

– Foi comigo que ela falou.

– Mas falou sobre mim também.

Essas duas ferroadas são as primeiras frases que Alice e Mia trocam. E mesmo as frases, sendo praticamente banais, os sons que uma emite para a outra, precisam de um tempo para se estabilizar no ar.

– Eu estou falando com as duas.

Se o fato de terem se avistado, terem seus caminhos esbarrados e, mais do que tudo, terem se estranhado... Se tudo isso já tinha perturbado Mia e Alice, agora que foram obrigadas a se falar, ainda que por meio de duas ferroadas, esse fato prejudicou totalmente o entendimento das garotas em relação ao que o encontro significa. Se é que se pode chamar de encontro.

10

– Eu estou falando com as duas...

O que faz Antônia repetir a última frase que disse a Mia e Alice e pendurar no intrigante final de sua fala uma exclamação para dar mais força à sua ideia é a tentativa de trazer de volta a atenção das garotas que, desde que soltaram as primeiras frases uma para a outra, saíram de órbita e foram parar sabe-se lá onde – se é que já pararam em algum lugar.

– ... esse silêncio todo, essas lindas caras de paisagem, esse clima... é porque vocês querem que eu acredite que não sabem por que eu as chamei aqui?

– Eu não sei.

– Eu não sei.

Mesmo com as palavras sobrepostas, já está mais confortável, ou menos estranho, para Mia e Alice, participar da conversa que já entenderam ser inevitável.

– Uma de cada vez.

– Eu não sei mesmo.

– Nem eu.

Para valorizar mais o que podemos chamar de pista para as garotas decifrarem tamanho mistério, Antônia levanta a ficha de inscrição de Alice.

– Vocês sabem o que é isso, não sabem?

Claro que tanto uma quanto a outra sabem o que é uma ficha de inscrição para concorrer a uma vaga da Top School!.

Assim que Alice reconhece a foto...

– O que a minha ficha de inscrição tá fazendo com você?

É um tanto atrapalhada, revirando os bolsos, procurando o que sabe estar na mão de Antônia, que Alice faz essa pergunta.

– Antônia...

O que faz Mia, imediatamente, quase copiar os movimentos de Alice enquanto revira os bolsos da própria calça é ela se lembrar de um detalhe de sua entrevista.

– ... na hora da entrevista, eu não mostrei a minha ficha porque você disse que não precisava.

E Mia desdobra e entrega a Antônia a ficha de inscrição que acaba de encontrar.

– Só está um pouco amassada, desculpe.

É quase impossível Antônia achar que tem alguma encenação no que Mia acaba de fazer e de dizer.

– Obrigada, Mia. Eu já tinha uma cópia aqui da sua ficha também.

Depois de devolver a ficha de Mia, Antônia faz o mesmo com a ficha de Alice.

– Essas fichas são de vocês.

Para as garotas, conferir as fichas que acabam de receber não esclarece nada. Só serve para fazê-las arregalarem seus lindos olhos verdes (Alice) e azuis (Mia).

– Então, vocês não estão vendo nada de "estranho" nas fichas de inscrição?

– Não.

– Nem eu.

– O número de inscrição é o mesmo...

– O mesmo?

– O mesmo?

– 1111...

O fato de Mia e Alice terem falado novamente a mesma frase ao mesmo tempo começa a irritar Antônia.

– Assim como vocês estão vestidas com roupas iguais. E, nas fichas completas que estão no computador, vocês disseram que namoram garotos chamados Richard...

– Eu namoro mesmo.

– Eu também.

Se fosse uma partida de tênis, poderia se dizer que Antônia faz uma cortada precisa com a raquete:

– ... e, ainda assim, trocaram selinhos com o mesmo Benjamim.

Tão envergonhadas (por terem beijado o mesmo Ben), indignadas (por saberem que a outra namora um Richard; será o mesmo?), confusas (por terem o mesmo número de inscrição) e muito curiosas (por tudo isso junto e ainda por estarem vestidas da mesma forma), Mia e Alice se encaram.

– Você e o Ben?

Quem faz a pergunta é Mia.

– Você e o Richard?

– Richard existem vários! Qual é o sobrenome do "seu"?

– Ávila. E do "seu"?

Mia não parece disposta a dar muitos detalhes.

– É outro.

– Mas a camiseta, o tênis e a calça comprida de vocês são iguais...

Quando interrompe Alice e Mia para fazer esse comentário, Antônia não está pensando em entrar no bate-boca que as duas começaram. Antônia quer levar a conversa para o que de fato lhe interessa.

– ... assim como o número de inscrição de vocês duas é o mesmo.

O silêncio, a verdadeira pausa dramática de Antônia, é para valorizar o que ela ainda pretende dizer.

– Posso saber como foi que vocês fizeram isso?

– Eu não fiz nada.

– Nem eu.

– Mas está feito.

– Não estou confessando que eu fiz nada, mas isso é grave?

Quem tenta relativizar é Mia. E a garota faz isso de uma maneira bem nervosa. Ponto negativo para ela.

– O fato em si talvez não seja. Mas alguém invadir os computadores da minha escola e alterar dados... isso é.

– Você tá dizendo que eu invadi o computador da escola?

A maneira nervosa como Alice se defende também dá ponto negativo para ela.

– Eu estou dizendo... ou melhor, o que nós todos estamos vendo é que tem alguma coisa errada com a inscrição de vocês duas. Fraude ou não, tem alguma coisa errada.

– E o errado não pode ser o sistema?

– E se foram os computadores que erraram?

Mesmo sabendo que estão juntas na mesma "saia justa", para usar uma expressão do mundo fashion, não soa nada bem para Mia e Alice essa cumplicidade que surgiu quando elas defenderam a mesma ideia. Parece que elas se entendiam melhor se desentendendo! Quem é que entende as garotas?

Chegou a vez de Betão falar.

– Eu já falei com o nosso técnico e ele disse que é praticamente impossível o sistema ter errado e sobreposto as duas inscrições.

– Mas...

– Mas...

– Ainda mais quando as inscrições são de duas garotas que estão vestidas do mesmo modo, namoram Richards e beijam o mesmo Benjamin no teste!

Depois desse novo e irônico corte de Antônia ao

protesto que o corinho Mia e Alice pretendia fazer, Betão conclui.

– Mas, para que não restem dúvidas, ou para esclarecermos o que aconteceu ou quem errou, o técnico que atende a escola está vindo para cá.

Antônia completa o seu raciocínio ainda sob o efeito do estranho brilho que se acende nos olhos de Mia e de Alice ao ouvir de Betão a informação de que o técnico está a caminho da Top School!...

– Só depois disso, meninas, nós vamos saber o que aconteceu, quem errou e quem merece ser responsabilizado por esse erro.

... um brilho metálico, eletrizado, desafiador. Brilho que faz Antônia chegar a uma conclusão e, principalmente, guardar para si o que acaba de concluir.

São elas. Isso não é possível! Eu devo estar maluca!

Não morri...

Quando Tutu chega à rua, passam totalmente o medo, a dúvida e também a pontinha de alegria que o medo e a dúvida estavam causando nele enquanto duvidava de estar vivo ou morto e temia saber a resposta.

Ou então esse mundo que dizem haver depois da morte é exatamente igual ao mundo que a gente conhecia antes de bater as botas. Tem poluição e tudo.

O mundo em volta de Tutu, o jardim, o hospital, a calçada, as ruas... tudo é exatamente igual a antes.

Tá tudo no lugar certo!

Quase tudo...

Cadê a barraquinha e a mulher que me vendeu água?

Mas Tutu não tem muito tempo de pensar sobre o sumiço da senhora e de sua barraquinha. O celular dele começa a pipocar no bolso da bermuda.

– Oi, mãe?

Tem uma mãe preocupada, assustada e furiosa do outro lado da linha. Primeiro, a preocupada...

– Tutu, meu filho, o que aconteceu?

Falo ou não falo? Melhor não falar.

– Aconteceu? Com quem?

– O recado que você me deixou.

– Ah... aquilo já passou!

– *Como assim já passou?*

– Nem aconteceu.

– *Daria pra você ser mais claro?*

– Era um... uma...

– *O que aconteceu, menino?*

– Não é, mãe...

– *Eu já falei pra você não começar as frases negando o que ainda nem disse!*

– Foi mal. É que eu achei que fosse acontecer alguma coisa comigo, entende?

– *Como você quer que eu entenda um absurdo desses?*

– E quis te avisar antes.

A mãe preocupada começa a dar lugar à mãe assustada.

– *Meu filho, você está bem?*

– Claro que eu tô, mãe, você não tá vendo? Quero dizer, você não tá ouvindo... Xiii, mãe! Você tá me deixando confuso.

– *Você me deixa um recado como aquele e eu é que deixo você confuso?*

– Eu tô ótimo. Não aconteceu nada comigo. E daqui a pouco eu estou em casa.

A mãe assustada dura pouco. Agora, chega a vez da mãe furiosa falar:

– Você não deveria nem ter saído sem a minha autorização. E muito menos de skate.

Por incrível que pareça, a chegada da mãe furiosa até alivia Tutu. Para ele, é sinal de que o assunto anterior, o recado sobre o acidente, já foi deixado para trás.

– Eu precisei sair, mãe. Era um caso de vida ou morte.

– Um caso de vida ou morte é a sua desobediência.

– Tenho certeza de que você vai me dar razão.

– É o que veremos.

– A Alice saiu de casa sem "a correntinha"...

Pela maneira ao mesmo tempo íntima e dramática como Tutu se refere à corrente-amuleto da irmã, fica claro que a mãe do garoto sabe muito bem sobre o que ele está falando e o quanto esse assunto é importante para Alice.

– Como é que ela fez isso!?

– A culpa é sua, que ficou apressando a menina.

– Sua irmã deve estar se sentindo em apuros! Ela não é nada sem essa corrente... pelo menos, é nisso que ela acredita!

Desde que Tutu se conhece por gente, sempre soube que a corrente com o pingente de ouro foi o que sobrou para Alice da sua família original. O único presente dos pais legítimos que foram levados pela enchente e de quem ela nem se lembra.

– Mas pode deixar que eu vou salvar a Alice, mãe.

– Ainda "vai" salvar? O teste já deve ter acabado. A que horas você saiu daqui, afinal?

Essa resposta pode comprometer Tutu. Para se proteger, o garoto começa a chiar entre uma palavra e outra, como se houvesse uma interferência atrapalhando a conversa.

– Xiiii... não tô te ouvindo, mãe... xiiiiii... tô passando em um túnel...

– Passando em um túnel de skate? Como assim?

– ...Xiiiiii... não é túnel... xiiiiii... é calçada, mas tem muitas antenas... xiiii... chegando lá eu te ligo.... xiiiiii... tá caindo... tá caiiiindoooo...

E Tutu desliga o telefone.

Melhor eu ir logo!

Mal Tutu arremessa o celular no bolso de novo, ele pula no skate e começa a remar. Uma estranha sensação acompanha Tutu.

Como meus olhos estão ardendo!

Além de ardendo, os olhos de Tutu também estão secos.

Deve ser a poluição!

Só que poluição não dá dor no pescoço, perto da nuca; ou dá?

Que dor estranha!

Mas nem os olhos ardendo ou ressecados – o que faz Tutu piscar mais do que o normal – nem a dor no pescoço chamam muito a atenção dele.

Parece que passei um dia inteiro jogando videogame. Ou conectado.

O que faz Tutu "ralentar" um pouco as palavras quando vai terminar seu raciocínio é se lembrar de que há três dias não joga videogame (está de castigo por causa de uma "certa" nota de matemática) nem se conecta à internet!

Melhor eu ir logo. E se eu morrer no caminho...

É o medo que até arrepia as pernas de Tutu que o faz acelerar as remadas do skate para chegar logo.

Minha mãe outra vez?

É o telefone tocando no bolso da bermuda que o faz parar. Enquanto atende, Tutu percebe que continua piscando um pouco demais para o seu gosto.

– Fala, mãe?

– *Que mãe, o quê? Se liga, Tutu!*

– Fala, Couve-Flor!

– Fala você. Foi você que me ligou!

– Ah é... Não é, eu só queria saber se eu estava vivo.

– E você ia perguntar isso pra mim?

Entre mais uma bateria de piscadas, Tutu tenta falar com o amigo, sem dizer nada.

– A história é meio longa, não vou ter tempo de explicar. E você, se ficar muito tempo falando ao telefone, não vai conseguir fazer o cavaleiro de dez cabeças ultrapassar a fase três e chegar à masmorra dos ossos de aço pra voltar a jogar bola com os defuntos.

Tudo o que Tutu diz, depois de justificar que não teria tempo de se explicar, saiu em um único jato de ar. Como se tivesse apertado o interruptor e uma quantidade absurda de luz invadisse um quarto de uma vez só.

– Cara...

A surpresa de Couve-Flor, do outro lado da linha, é tão grande que a frase do garoto empaca no "Cara...".

– O que foi?

– Como é que você sabe que eu tô jogando... e exatamente nesse ponto do jogo?

Mas tem uma coisa mais importante para Tutu pensar nesse momento do que dar uma resposta ao amigo.

Por que será que eu tô piscando tanto?

Elas nem precisariam ter combinado, e não combinaram mesmo!, mas, assim que saíram da sala de Antônia, Mia e Alice não tinham a menor intenção de continuar se falando, interagindo ou mesmo se manter no campo de visão uma da outra.

– Quando o técnico chegar, eu chamo vocês...

Foi o que disse Betão, ao levar as duas garotas até a porta da sala.

– ... e não fujam, hein?

Assim que Betão fez essa brincadeira, fechou a porta. As duas deram meia-volta e, como dois desafiantes que se afastam para um duelo, cada uma foi para um lado. Totalmente ligadas no efeito que uma tinha causado dentro da outra.

Talvez fosse melhor dizer estrago? Talvez... Mas mesmo que a maioria das sensações fosse de desagrado e desconforto, tanto Alice quanto Mia estão experimentando também uma magnética curiosidade em relação ao significado ou aos significados daquele encontro, ou seria melhor escrever desencontro de... detalhes? Ou seria melhor dizer de destinos?

Nem todas as exclamações e interrogações no meio das frases ou as frases terminadas em reticências são capazes de ajudar a mostrar a confusão que se instaura dentro das garotas enquanto elas se afastam.

Se afastam? Doce ilusão. Quanto mais os dois corpos se distanciam, parece que ficam mais próximos.

– Preciso sair de perto dessa menina!

Nem quando materializa essa frase Mia se dá conta do quanto já está longe de Alice; pelo menos, fisicamente.

– O Ben!

Ver Ben falando ao telefone um pouco mais à frente faz Mia quase pular de alegria. Nem tanto por interesse (se bem que há, sim, um interesse dela por ele, mesmo ainda estando pendurada a um certo Richard). É mais porque, quem sabe, deixar o garoto se aproximar a fará se afastar de Alice.

– Oi, Ben?

Ben continua falando ao telefone. Não se trata de ninguém especial e nem o assunto, pelas expressões de Ben, parece ser urgente ou importante ou ao menos muito interessante. Um papo qualquer, com um amigo qualquer.

Acho que ele não me viu.

– Ben?

Errado. Ben a viu, sim. Ele está é fingindo que não viu.

– Tá me ouvindo, Ben?

A pergunta de Mia sai quase como um pedido de socorro. Impossível Ben ficar indiferente!

– Eu não tinha visto você.

Mas ele se controla para manter uma certa distância.

– Agora viu...

Mia cruza os braços para dar tempo de ele desligar o telefone e começar a conversa que ela espera ter.

– Só um minutinho...

Depois de alongar ao máximo a conversa desinteressante com o "qualquer amigo", Ben consegue, dentro dos limites da boa educação que tem e gosta de ter, sorrir para Mia, mas sem a menor intimidade.

– Pronto!

Cruzando também os braços, Ben confirma o temor de Mia: ele não vai começar conversa nenhuma.

– Como assim "pronto", Ben?

– Você não quer falar comigo?

A saliva que tem de engolir quase a engasga. Ela já entendeu que tem alguma coisa errada e quase começa a tremer.

– Onde foi parar aquele garoto que disse que nunca desligaria um telefone na minha cara?

Ben é rápido...

– Eu terminei uma ligação para te dar atenção.

– Não parece.

Claro que Ben não quer se livrar definitivamente de Mia. Ele só resolveu fazer uma, digamos, pausa estratégica, até saber em que confusão ela está metida.

– Injusta!

– Mudou de ideia?

– ?

– Ou preferiu...

O que faz Mia parar é perceber que já estava trazendo Alice de volta para perto de si. E mais: pela reação um tanto arredia de Ben, ela temia estar em desvantagem em relação à outra garota.

– Preferi o quê?

Ele deve ter visto quando eu e a "outra" passamos com o professor pra falar com a Antônia.

Valendo-se do princípio de que fofoca tem muitas pernas e asas, Mia acredita que Ben já imagina que ela estava metida em alguma confusão.

– Eu não fiz nada de errado, Ben.

Pronto. É a "frase escada" que Ben precisava ouvir para poder dar o fora.

– Mas eu fiz, Mia. Então, é melhor você ficar longe de mim, para se proteger.

Duvidando que Mia coloque em prática o que pediu – afastar-se dele –, Ben resolve mesmo se afastar. Até porque ele só inverteu os papéis da boca para fora, dizendo que teria feito algo errado; ele quer mesmo é ficar longe de qualquer confusão que possa significar perder a chance de concorrer a uma vaga na Top School!.

É melhor eu ficar longe dela!

E, para ficar longe de Mia, Ben atravessa todos os corredores que encontra pela frente e vai parar na lanchonete.

Não é possível!

Exatamente onde está a outra metade de sua encrenca: Alice.

Eu já sabia que atraía confusão, mas não tanto assim!

– Que cara é essa, Ben?

Assim como aconteceu com Mia, encontrar Ben ajuda Alice a tirar seus pensamentos da "outra".

– Tudo bem?

Foi o "tudo bem?" mais "me deixe em paz!" que

Alice já ouviu. Como a carga "me deixe em paz!" estava camuflada no jeito educado de Ben, Alice finge que não percebe.

– *Hum-hum.*

Ben acha graça que Alice também tenha cruzado os braços para dar tempo ao garoto de começar a conversa.

– Tá sem assunto, Ben?

– Estamos.

– Eu pensei que você tivesse vindo falar comigo.

– Eu vim comprar uma água.

Tudo bem que é para afastar Alice, mas Ben não precisava ser assim tão seco.

– Desculpe, Alice. É que eu tô muito atrapalhado.

– Tô percebendo.

Na verdade, esse projeto de afastamento de Ben também é relativo. Ou transitório. Se Alice estiver metida em alguma confusão, ele só não quer se comprometer; assim como fez com Mia.

– Espero que você entenda.

– Eu também espero, mas confesso que ainda não estou entendendo, não. Se é porque você me viu passando com...

– Beeeennnnnn!!!!

Ouvir Malu o chamando a alguns passos de distância o alivia.

Como o mundo dá voltas! Eu nunca pensei que fosse sentir alívio com um chamado da Malu.

– Eu tenho que ir, Alice.

Como avisou, Ben dá o fora. E Alice pensa:

Ah! Agora começo a entender!

Só que Alice está mentindo. Ela continua não entendendo nada, mas reconhece Malu.

Aquela mal-educada, de quem eu nem sei o nome!

O jeito estranho de Ben esconde alguma coisa que Alice gostaria de decifrar. Aliás, essa é só "mais" uma coisa que ela gostaria de decifrar.

Quem sabe "ela" me ajude!

Por "ela" entenda-se a garota que está passando apressada pela entrada da lanchonete.

– Gadra!

Como já fazia algum tempo que Indira estava sendo chamada por Ivan pelo seu nome verdadeiro, ela demora a entender que o chamado é para ela e continua andando.

– Ei!

Só quando Alice alcança Indira e a chama pela segunda vez é que ela para.

– Me espera, Gadra!

Como se, em vez de acordar, Indira voltasse para um pesadelo, ela responde.

– Desculpe, agora eu não posso...

– Tá tudo bem com você?

– Estão me chamando para a entrevista.

Alice percebe que Indira andou chorando. E que está aflita. Muito aflita.

– Antônia...

– Daqui a pouco, Betão.

É a oitava vez, entre uma entrevista e outra, que Betão tenta conversar com Antônia.

– Com licença?

Dessa vez, Antônia é salva pela beleza e delicadeza de Su Tsaoshung, uma chinesa linda, com quimono vermelho acetinado com flores bordadas à mão e que mais parece uma boneca de porcelana.

– O que a Su Tsaoshung quer que eu saiba?

Depois da entrevista com Su, Antônia pede

que entre Azaleia, uma baiana de pele queimada de sol, longos cabelos ondulados, com um vestido branco leve e sandálias de dedo de couro, que mais parece uma personagem agreste de Jorge Amado.

– O que a Azaleia quer que eu saiba?

Depois da entrevista com Azaleia, enquanto entra um garoto gordo, vestido com agasalho de plástico azul-marinho e botas brancas de plataforma e cano alto, Betão tenta mais uma vez:

– Antônia...

– Tô muito ocupada, Betão...

E, falando com o garoto futurista, Antônia se protege mais uma vez de Betão.

– O que o Balu quer que eu saiba?

Depois de Balu vem um sósia de plantão do Tom Cruise, uma imitação de Neymar, um protótipo de Brad Pitt e uma quase anoréxica homenagem a Amy Winehouse, só que de farta cabeleira ruiva e uma constelação de sardas no rosto.

– O que a Alexia quer que eu saiba?

Depois da entrevista com Alexia, com a qual Antônia gasta um pouco mais de tempo do que com os candidatos anteriores, Betão aparece de novo:

– Antônia...

– Ainda não, Betão.

Betão não consegue ignorar que mudou alguma coisa em Antônia desde que Mia e Alice saíram da sala.

– O que a Isabella quer que eu saiba?

Mudou e continua mudando.

– O que a Tina quer que eu saiba?

E o mais curioso: não dá para Betão ter certeza se a mudança foi para pior.

– O que o Fernando quer que eu saiba?

Antônia está mais atenta, mais sensível, até mais bem-humorada!

– Nossa! Você é a cara do Ricky Martin!

Depois da entrevista com o futuro-pseudogalã-latino, Betão tenta de novo:

– Antônia...

– Daqui a pouco, Betão.

Como Betão percebe que Antônia começa a baixar a guarda e a se repetir, ele se anima!

Daqui a pouco ela abre o jogo!

Mas ele está enganado. Antônia ainda resiste bravamente a voltar a falar com ele sobre as duas garotas que estão com o mesmo número de inscrição.

– É Raoni o seu nome?

– É.

O garoto tem nome de índio, mas é japonês.

– O que o Raoni quer que eu saiba?

Depois do japonês com nome de cacique brasileiro, Betão não aguenta mais.

Agora, quem vai saber serei eu!

Primeiro Betão pede que as outras pessoas da comissão avaliadora saiam. Antônia ainda tenta enrolar um pouco mais.

– Agora não dá, Betão.

Tarde demais! Todos já saíram.

– É agora, Antônia.

– Que eu saiba, a chefe aqui sou eu.

– Você pode até me mandar embora, mas eu não saio daqui sem você se explicar.

– Explicar o quê?

Antônia sabe que está abusando da quase ilimitada paciência de Betão.

– Primeiro: por que você pediu pra eu cancelar a vinda do técnico de informática até aqui?

Foi a partir desse pedido que Betão entendeu que, além da coisa errada que já estava acontecendo em relação às garotas, tinha, agora, alguma coisa acontecendo com Antônia.

– Porque...

Alguma coisa que dificultava a compreensão de Betão a respeito do que pretendia Antônia.

– Não enrola, Antônia.

– ... porque o técnico simplesmente não vai me dar a resposta que eu preciso.

Essa pseudoexplicação, que de explicação não tem quase nada, não interessa a Betão.

– Você não quer mais saber se as meninas fraudaram ou não a inscrição da Top School!?

– Eu tenho certeza de que elas não fraudaram. E isso nem é o mais importante agora.

– Então, o que é importante?

– Shakespeare estava certo, Betão!

– Certo no quê?

– "Há mais mistérios entre o Céu e a Terra do que pode supor nossa vã filosofia!"

– Você quer que eu fique maluco? Por favor, me explica alguma coisa com começo, meio e fim?

– Ainda é cedo para começo, meio e fim. Nós nem começamos ainda! Mas, se eu estiver certa em meus palpites, Betão, você não tem "loção" do que está começando a acontecer aqui hoje.

A brincadeira de Antônia, substituindo a palavra noção por loção, é para tentar descontrair Betão. Ela está com medo de ele enfartar, de tão nervoso.

– Não é hora para brincadeira.

– Talvez seja, sim. Até de comemoração! Mas depois nós conversamos.

– Mas... o que eu faço agora?

– Por enquanto, nada. Ou melhor, me dá licença, porque tenho que continuar trabalhando.

Para colocar em prática o que disse que faria – continuar trabalhando –, Antônia acena para que ele saia.

– Por favor, Betão, chame a comissão julgadora de volta?

Assim que todos ocupam novamente seus lugares, Antônia aciona o controle remoto do monitor do lado de fora da sala, avisando que é para entrar a próxima concorrente a uma vaga na Top School!.

– Por favor, fique sobre o xis amarelo à nossa frente.

Quando a garota se posiciona, Antônia diz...

– ... obrigada, Gadra Gadag Bangalore! Belo nome! Vamos lá: o que a Gadra quer que eu saiba?

Indira começa a tremer.

11

– Vamos lá, Gadra...

Se Indira conseguiu esconder seu rosto assustado desde que entrou na sala para a entrevista, agora que está cara a cara com Antônia e com a comissão julgadora, e sendo iluminada pela luz forte de alguns spots, isso não é mais possível.

– Gadra...?

A luz dos spots nem precisaria ser tão potente para pôr às claras a aflição e o medo de Indira.

– Você está se sentindo bem?

Os joelhos dela se dobram e Indira deixa que o corpo desabe sobre as pernas, caindo ajoelhada sobre a enorme confusão em que se meteu.

– Gadra!

Assustada, temendo que Indira esteja desmaiando, Antônia se levanta e vai até ela.

– O que tá acontecendo, Gadra? Quer que eu chame um médico?

As lágrimas de Indira também desabam.

– Eu estou bem, Antônia.

– Difícil acreditar!

No meio das lágrimas, Indira sorri.

– Pelo menos, estou bem melhor do que estava.

Antônia está muito intrigada. Tanto que nem percebeu que se sentou no chão, ao lado de Indira. Talvez para tentar recuperar alguma normalidade, Antônia repete a pergunta; só que, dessa vez, mudando o verbo...

– O que a Gadra precisa que eu saiba?

Pegando as mãos de Antônia, Indira foca seus olhos nos dela.

– Antes, quero pedir desculpa...

Não é pequena a simpatia que Antônia está sentindo por aquela garota linda, de pele morena, olhos negros e o olhar mais triste e desprotegido que ela já viu.

– Primeiro, preciso saber o que é, pra poder desculpar.

– Eu não posso fazer a entrevista.

– Não?

– Eu só fiquei para pedir desculpas, Antônia.

– Você está me assustando, Gadra. O que...

– Começando pelo começo, eu não sou a Gadra.

O que acaba de ouvir aborrece Antônia e faz com que ela tire as mãos das mãos de Indira.

– Não?

– Meu nome é Indira. Esta é a Gadra...

Indira tira de dentro da bolsa e entrega a Antônia um *composite*, um folheto de apresentação de sua irmã gêmea. No *composite*, há algumas fotos de uma garota exatamente igual a Indira fazendo caras e bocas. Em cada foto, uma roupa e uma pose diferente. Além disso, tem uma espécie de ficha bilíngue com informações sobre altura, peso, medidas de quadril, cintura e busto de Gadra, além do número de sapato e do manequim.

– Vocês são gêmeas idênticas...

A maneira como Antônia fala mostra o quanto está brava com o que está entendendo.

– E vocês tinham a pretensão de ocupar a mesma vaga na minha escola? É isso?

– Não é nada disso. Eu nem quero ser modelo.

– Não?

– Eu quero ser estilista. Só a Gadra quer ser modelo.

– E onde está a Gadra?

– Na Índia. Ela precisou viajar com o meu pai, para ajudá-lo a resolver um problema de família.

– E por que tinha que ser ela?

Antes de responder, Indira baixa os olhos, envergonhada.

– Porque o meu pai não fala comigo, mas isso eu não queria explicar.

O silêncio de Antônia mostra que talvez ela esteja concordando em aceitar voltar ao assunto principal da conversa.

– E porque você está brigada com o seu pai, você e sua irmã queriam me enganar?

– Antônia, eu sei que é muito estranho tudo isso. E que você não tem nenhuma razão para acreditar em mim, mas eu ter vindo aqui hoje não tem nada a ver com enganar você.

– Então, que nome você dá a "isso"?

Paira um estranho silêncio enquanto Indira procura palavras para dar forma ao que pretende dizer.

– Minha irmã, a Gadra, antes de viajar... quando a Gadra esteve aqui para conhecer a escola, ela voltou pra casa muito... diferente...

– Diferente "como"?

– Ela chegou em casa chorando... emocionada, sabe?

– Chorando? Por quê?

– Eu não sei...

Antônia está quase perdendo a paciência!

– Como não sabe?

– O que eu sei é que a Gadra, desde esse dia da visita à escola, ficou sabendo que precisaria estar aqui neste ano.

Um estranho arrepio percorre o corpo de Antônia.

– "Precisaria"? Como assim?

– A minha irmã sabe... a Gadra sente... que a presença dela aqui, nesse próximo curso, é necessária para que as coisas que têm que acontecer de fato aconteçam.

É inacreditável demais para Antônia o que ela está ouvindo. E o que é pior: pela maneira sincera como Indira fala, ela não parece duvidar de que a garota esteja dizendo a verdade. Indira continua:

– E, como a Gadra teve que viajar, ela me pediu para que eu participasse da seleção no lugar dela.

– Você quer que eu acredite no que você está dizendo?

– É só nisso que dá para acreditar, Antônia. Essa é a verdade.

Antônia precisa de alguns segundos para pelo menos tentar colocar o que está ouvindo em alguma ordem que faça sentido ao seu entendimento.

– Vamos ver se estou entendendo, Indira: nem você sabe ao certo por que está se fazendo... ou ia se fazer... passar por sua irmã?

– Sei.

– Sabe?

– Sei tudo que eu precisava saber.

– Não entendi.

– Eu sei tudo que precisava saber para confiar na minha irmã.

– Confiar?

– Eu não tenho nenhuma razão para duvidar das premonições da Gadra. Mas só aqui eu entendi que, mesmo confiando nela, o que nós estávamos querendo, além de ser errado, é impossível.

– O que você acha que está passando pela minha cabeça agora?

A pergunta de Antônia mostra o quanto ela continua desentendida com a situação.

– Não faço a menor ideia, Antônia.

Em qualquer outro ano, a primeira coisa que Antônia faria seria desclassificar imediatamente a concorrente – não sem antes chamar à escola os pais das irmãs gêmeas que tentaram fazer a brincadeira, passar o maior sermão neles e...

Maldito poeta inglês!

... em nenhum momento, essa situação está cabendo para Antônia dentro da palavra brincadeira. Nem em fraude. Nem em algo contra o que deva brigar ou ignorar. Nem parece a ela que o que moveu essa trama das irmãs gêmeas tenha sido a vontade de Gadra de entrar para a Top School! só para brilhar ou aparecer.

É, Shakespeare devia estar certo!

Claro que Antônia não consegue dissociar ou separar o que está vivendo com a garota indiana das estranhas sensações que viveu ao se deparar com Mia e Alice.

– Indira, você não teme o que eu posso fazer com isso que você e a sua irmã aprontaram?

Indira arregala um pouco os olhos; mas não diz nada.

– Foi a confiança na sua irmã que a fez aceitar essa situação?

– Foi.

Antônia se recupera um pouco da surpresa, levanta-se e volta para o seu lugar ao lado da comissão julgadora.

Entendendo que aquela conversa estava encerrada, Indira se levanta e se prepara para sair.

– Você sabe, Indira...

Quando Antônia começa a falar, Indira ainda está sob a luz. E é ali que ela fica para continuar ouvindo...

– ... que eu não posso entrevistá-la no lugar da Gadra.

– Sei.

– E você deve saber, também, que é tão bonita quanto ela.

Começando a entender o desdobramento que aquela conversa parece que vai ter, Indira prefere não responder. E Antônia diz:

– Mas, se você quiser ser entrevistada como você mesma, quem sabe seja essa uma nova possibilidade que sua irmã e o destino estão colocando no seu caminho. Ou no meu. Ou no de outras pessoas que estão fazendo esse teste hoje.

Os olhos de Indira se assustam. Mas se acendem. E Antônia recomeça a conversa de onde tinha parado ao saber de tudo:

– O que a Indira quer que eu saiba?

Depois da entrevista de Jako e de Guel, o trio formado por eles e por Klau resolveu dar um tempo na performance novamente. Até porque eles já tinham entendido que, a partir da entrevista, as outras fases do teste aconteceriam bem depressa.

– Acho que, se a pessoa não foi muito bem na entrevista, as outras fases nem são feitas "direito".

Essa hipótese quem lança é Jako. Parece que Guel não concorda muito com ele.

– Não é bem assim!

Nem Klau.

– Os testes são levados a sério...

Antes mesmo que Klau tenha tempo de concluir sua hipótese, a foto dela começa a pipocar nos monitores espalhados pelas paredes, chamando a garota para a entrevista.

– ... olha eu ali!

Isso faz o trio performático concluir que as entrevistas estão terminando, já que Klau foi a última a se inscrever.

– Afinal, esses testes tinham que chegar ao fim!

Jako e Guel resolvem acompanhar Klau até a porta.

– Eu prefiro ir sozinha.

O que ela acaba de dizer mostra que, mesmo não tendo se inscrito desde o começo para os testes, Klau está levando bem a sério – e gostando! – a possibilidade de fazer parte da Top School!.

– Tem certeza, irmãzinha?

Parece que Klau entendeu como superproteção o tom de irmão mais velho quando ele fez essa pergunta.

– Ninguém vai tentar me fazer mal, Jako!

Ela sorri, dá essa resposta para Jako, deixa um tchau e dá uma piscadinha no ar para Guel, que diz:

– Boa sorte!

– Obrigada!

Klau vai na direção da sala das entrevistas sem saber que estava totalmente enganada quando disse que ninguém tentaria fazer mal a ela.

– Eu não estou acreditando!

Quem disse que não está acreditando é Malu, que começou a seguir Klau pelo corredor.

– Eu não acreditei quando vi a sua foto no painel!

Klau não pretende diminuir nem acelerar o passo. Muito menos parar de andar.

– Ei, gordinha...

O som baixo que Klau emite é quase uma risada, mas não chega a tanto.

– ... estou falando com você.

– Me deixe em paz, menina.

– Na sua casa não tem espelho, não?

– Ridícula!

– Você vai passar a maior vergonha. Sua gorda!

As últimas frases de Malu nem chegam a Klau. E, se chegam, ela nem escuta direito.

– É aqui.

Assim que Klau entra na sala, já sabe onde tem que se colocar e é o que ela faz.

– Estou aqui.

E Antônia...

– Finalmente, a última entrevista! O que a Klau quer que eu saiba?

– Que eu sou uma garota de muita sorte...

Antônia acha graça e completa:

– ... e de muito talento, também. Pelo menos, para cantar.

Klau sabe que o final da frase de Antônia é quase uma advertência; uma advertência carinhosa, mas uma advertência.

– Eu sei que eu não tenho, assim... um "corpo de modelo"... E nem é sobre esse tipo de sorte que estou falando, Antônia.

– Não?

– Nem sei se eu acho isso uma "sorte". Estou falando sobre a minha saúde, a minha alegria, o amor que recebo da minha família, o respeito dos meus pais por eu ser do jeito que sou.

– E como você é?

– Além de não caber nas mesmas roupas que a maioria das meninas que estão fazendo teste aqui hoje, eu não caibo direito em nenhum rótulo. Pelo menos não nos rótulos que conheço até agora.

A resposta de Klau faz Antônia pensar um pouco e depois sorrir, antes de dizer:

– Acho que a maioria das meninas e dos meninos também não cabe, Klau.

– Não?

– Acho que não. Fingir que cabem nesse padrão

ideal que inventaram para eles talvez seja a maneira que encontraram para esconder de si mesmos quem de fato eles são.

A ideia de Antônia empolga Klau:

– Quem sabe, Antônia, eles também não caibam nesses rótulos que eu falei...

– É... Mas fica mais fácil se deixar levar pela massa. Inspirar-se na moda ditada pelas revistas, para camuflar o que não se quer ver.

– Acho que esse mundo tá começando a mudar.

– Você acha mesmo, Klau?

É sorrindo que Klau responde...

– Olha eu aqui, Antônia: "gordinha", negra, da periferia, que gosta mais de ler do que de ver videoclipes de cantoras que não cantam nada, mas seguem todas as dietas de baixas calorias do mundo e colocam todo o silicone que podem comprar... Eu vim lá de longe, de um endereço que não tá nem nos mapas da internet ainda, e tô aqui, conversando com você, pra entrar na escola de modelos mais badalada do planeta... Isso não quer dizer que é possível o mundo se reinventar?

– É sempre assim!

– Todo ano é a mesma coisa!

– É tudo carta marcada!

– Só entram filhos de bacanas...

– ... ou de milionários!

– ... ou de trilhardários!

– Ela não foi com a minha cara, tenho certeza absoluta.

– Nem sei o que estou fazendo aqui esperando o resultado.

– Parece que a lista de aprovados vem dos Estados Unidos!

– É da Alemanha!

– Tá tudo dominado!

– É sempre a mesma coisa.

– Esse é o terceiro ano que tento entrar e nada.

– A mensalidade é muito cara.

– Ouvi falar que a Antônia tem um caso com aquele professor bonitão que fica circulando pela escola.

– Ela tá é falida!

– Ah, então é por isso que só entram filhos de milionários.

– E pensar que a Top School! já formou tantos modelos importantes.

– Importantes ou famosos?

– Sei lá. Não é a mesma coisa?

– Claro que não.

Essas são apenas algumas entre as milhares de frases dos candidatos que resolveram ficar esperando na própria Top School! pelo resultado dos testes.

Como acontece em todos os anos, mais ou menos duas horas depois do último teste já sai o resultado.

– Eu não disse?

– É tudo carta marcada!

Na verdade, o que alguns mais inseguros estão chamando de cartas marcadas é o tão complexo quanto eficiente cruzamento de dados que um analista de sistemas criou, há alguns anos, para ajudar a evitar fraudes e também para Antônia e sua equipe chegarem rapidamente ao resultado de quem são as felizardas e os felizardos aprovados para o curso que fará com que eles entrem pelo tapete vermelho no cobiçado, sedutor e perigoso mundo da moda.

Depois da apuração, Antônia vai para sua sala-pop de diretora e, de trás de sua mesa decorada com um exército de top models, o resultado aparece ao vivo, em cores e em imagem digital em todos os monitores espalhados pela escola. A transmissão também é veiculada no canal de comunicação, via internet, da Top School!.

No dia seguinte, a lista de vinte nomes é enviada aos principais jornais da cidade e a imprensa faz um pequeno estardalhaço em torno do resultado, especulando quem será a nova Mina ou Hannah ou o novo Caio Gato... A especulação é sempre maior em torno das garotas do que dos garotos.

– Preparada para "entrar no ar", Antônia?

– Só mais um minuto, Betão.

Antônia está memorizando os nomes, ensaiando para falar ao vivo com mais segurança.

– A galera tá impaciente, como sempre!

Betão está ao lado do técnico que vai operar a câmera e colocar as imagens de Antônia no ar.

Por falar em técnico, quem acaba de entrar na sala de Antônia é o responsável pelos sistemas. Mesmo após ela ter desistido de saber, já que ele viria até a escola para ajudar a colocar os resultados no ar pela internet, Betão pediu que ele, discretamente, tentasse apurar se houve ou não fraude na inscrição de duas garotas com o mesmo número.

Sussurrando, para não atrapalhar a concentração de Antônia e, ao mesmo tempo, para não chamar a atenção dela, Betão quer saber:

– O que você me diz, Samuel?

É também sussurrando e atrás de um par de óculos fundo de garrafa que o garoto muito magrelo, cheio de ossos balançando dentro de uma calça jeans, camiseta branca e tênis muito surrados, responde:

– Impossível isso ter acontecido, o sistema ter errado. Sistemas não erram. Alguém fez alguma coisa.

Betão nem tem tempo de dizer se concorda ou não com o que o técnico de sistemas afirma como uma certeza um tanto quanto absoluta. Antônia avisa:

– Estou pronta, Betão.

O operador da câmera aciona o power, o técnico de sistemas conecta o sinal da câmera ao computador, para que chegue aos monitores e ao site da Top School! ao mesmo tempo, e Antônia começa a falar:

– *Oi, gente! Todo mundo me conhece, não preciso me apresentar nem enrolar. Estou aqui para divulgar os resultados da nossa seleção deste ano. Mas, antes, só alguns avisos: não ser aprovado não significa nada além de "não ser aprovado". Claro que é chato, frustrante, mas isso não quer dizer que vocês não são bonitos ou não têm talento. Enfim, na vida, todos sabemos que existe uma teoria chamada seleção natural, que rege o movimento do mundo e impulsiona as nossas histórias para onde elas têm que ir. Os que não foram escolhidos, se continuarem com as boas notas na escola e permanecerem na faixa etária para acesso a esta escola, no ano que vem poderão tentar de novo. Os que foram escolhidos receberão por e-mail a lista da documentação necessária para a matrícula.*

Como vocês sabem, a apuração final é feita pelos nossos computadores, e os pais de vocês, se tiverem alguma dúvida, poderão ter acesso à apuração. É só entrar em contato com a nossa secretária.

Se algum dos aprovados desistir, procuraremos o concorrente selecionado imediatamente a seguir ao que conquistou o último lugar aprovado. Mas não contem muito com essa sorte. Desde que a Top School! foi aberta, isso nunca aconteceu.

Ah, neste ano, peço desculpas às garotas, mas vou começar pelos garotos; e em breve todos vão entender o porquê.

Os nomes dos garotos aprovados, por ordem de pontuação, são: Fernando Gonzales, Lucas Almeida Paiva, Michel Cohan Gagosian, Miguel Henrique Almeida Porto (o Guel), Ivanildo Luiz de Souza, Jair dos Santos Silva (o Jako), Leonardo Azevedo, Benjamim Sherman (o Ben), Arthur Souza Aranha Neto e João Paulo Camargo Lichstein.

Os nomes das garotas aprovadas, também por ordem de pontuação, são: Azaleia Morena Veloso, Su Tsaoshung, Pietra Pavone, Indira Bangalore, Ingrid Moreira, Cristina Mendonça, Alexia Copolla, Alice Maria Figueiroa e Mia Vianna Berg. Vocês devem ter percebido que só falei nove nomes de garotas. É porque nós tivemos um empate no décimo lugar. E, como está no regulamento da inscrição, quando isso acontece, as duas garotas, se concordarem, serão chamadas a fazer um estágio de um mês e, depois, submetidas a uma nova bateria de testes, para decidirmos quem ficará com a vaga.

Caso uma delas não aceite, a vaga fica para a outra. Caso as duas não aceitem, a classificada seguinte subirá para ocupar a vaga disponível; mas o nome dessa concorrente só será divulgado se as duas garotas que empataram desistirem. São elas: Maria Cláudia dos Santos Silva (a Klau) e Maria Lúcia Sampaio Martini (a Malu).

As aulas começam na semana que vem. A todos os participantes, muito obrigada!

#seleção natural?

Malu está furiosa...

#só se for seleção natural rumo ao caos!

... tuitando sua fúria para todos os lados...

#que raiva!

... e tentando com isso pelo menos camuflar a enorme vergonha que está sentindo e que não para de potencializar a vontade de se fechar em seu quarto... em seu mundo... e chorar... chorar tudo... chorar para sempre.

#a vaga é minha, e não daquela...

Nem dá para repetir aqui como Malu termina mais essa tuitada.

#vou sumir dessa escola! Só volto no primeiro dia de aula!

Enquanto procura a porta de saída, quem Malu encontra?

– Ben...

A fúria e a vergonha dão lugar a uma nova esperança!

– ... você estava me procurando?

– Não que eu saiba!

É! Ben não estava indo atrás de Malu. Assim como ela, ele só estava indo em direção à porta de saída. Só que, diferentemente dela, feliz da vida, vitorioso e com a sua vaga na Top School! devidamente garantida!

– Mas é bom você saber, Ben...

Parece haver tanta assertividade no tom de Malu quando ela começa a falar que, desse ponto em diante, é como se se tornasse uma premonição.

– ... que eu sou a melhor garota para um garoto como você. E sabe por quê?

A surpresa de Ben é tanta que ele nem consegue responder, o que faz parecer que o garoto não sabe porquê algum.

– Porque, por baixo dessa sua pele de cordeirinho surfista, tem um garoto tão egoísta, prepotente e oportunista quanto eu.

Ben se assusta! E Malu continua...

– Pensa que não sei que, naquela hora, você voltou pra mim porque achava que a Mia e a Alice estavam "fora do páreo" e, por isso, pararam de te interessar? E mais: que agora você está me esnobando porque viu que quem está pendurada sou eu?

O garoto continua sem saber o que dizer. Malu quer falar mais:

– Escreve o que tô dizendo, Ben: eu vou ganhar a vaga dessa... dessa... tal de Klau! E também vou ficar com você no final.

Agora, enquanto fala, parece que Malu está lançando uma... maldição?

– Do que você tá falando?

– Essa história só tá começando. No primeiro dia de aula, nós conversamos!

Antes de sair, Malu deixa um selinho estampado nos lábios de Ben. Será que Malu entendeu o que acaba de acontecer como uma cena de amor?

Que menina maluca!

FIM!

Mas não é essa a cena de amor que Ben quer antes de ir embora.

Quem eu vou tentar primeiro? Mia ou Alice?

Enquanto vasculha a agenda de seu celular, parece que Ben muda de ideia.

Calma, garoto! Dá um tempo pra Alice e pra Mia esquecerem a esnobada que você deu nelas. No primeiro dia de aula, você volta a atacar! Como disse a maluca da Malu, essa história só tá começando! Fui!

FIM?

Seleção Sobrenatural

O Couve-Flor deve ter achado que tenho poderes!

É ainda se divertindo com esse pensamento, que o acompanhou nos últimos dez minutos, que Tutu chega à Top School!

Infelizmente, não tenho poderes!

O garoto está aflito, com a sensação de que já é tarde, mas segurando na mão a corrente com o pingente de Alice.

Foi dedução!

Está difícil para Tutu conseguir atravessar o mar de garotos e garotas que vão na direção contrária a ele. Até porque ele bem que gostaria de ser levado por algumas das ondas que essas garotas fazem.

Deduzir que o Couve-Flor estava jogando videogame não é muito difícil. O cara faz isso praticamente o dia inteiro!

Mesmo com garotas estonteantes, trata-se de um "mar" um tanto quanto indignado, diga-se de passagem.

Depois, o Couve-Flor me falou que ia jogar o jogo que eu falei pra ele...

Mar indignado por não terem sido aprovados!

... Aí, eu lembrei direitinho que, na mudança da segunda para a terceira fase, no jogo, tem uma musiquinha fúnebre...

Tutu quer entrar na escola. O "mar indignado" quer sair.

... a mesma música que comecei a ouvir do outro lado da linha, junto com a voz assustada do Couve-Flor!

– Isso é meu!

Quando a voz da garota se destaca do mar de vozes "reclamonas" em volta dele, Tutu tem certeza de que é Alice quem está falando. É por isso que ele já se volta na direção de onde veio a voz sorrindo e diz:

– Espero que...

O que pendura a frase de Tutu no ar é o susto ao se deparar com outra garota: Mia. Uma garota linda, que ele não conhece, um pouco mais velha do que sua irmã, mas que está vestida exatamente como Alice, e que olha para ele tão confusa quanto brava.

– Como é que você pegou...

Quem interrompe a frase agora é a própria Mia. Porque, ao mesmo tempo em que começou a falar, ela passou a mão em volta do pescoço e confirmou que sua corrente e seu pingente, que pensava estar na mão daquele garoto que não faz a menor ideia de quem seja, continuam pendurados ali.

– ... desculpa...

Mia já está bem mais aliviada.

– ... é que eu tenho uma corrente e um pingente exatamente iguais a esses...

E, sorrindo, para reforçar ainda mais o pedido de desculpas, Mia completa...

– ... mas os meus estão aqui... e me deram sorte! Fui aprovada!

Depois de mostrar sobre o que está falando, Mia coloca a corrente e o pingente para dentro da camiseta novamente.

– Desculpa de novo.

Tutu está tão encantado com a beleza de Mia e a quantidade de atenção que ela está dedicando a ele que não se incomodaria de passar o resto de sua vida levando broncas dela.

– Não tem problema.

Como percebe que o encontro já acabou, Tutu lança mais um sorrisinho simpático e diz:

– Valeu!

– Tchau!

Que gata!

Não dá para Tutu ignorar que está se sentindo bastante estranho por ter encontrado uma garota vestida do mesmo modo que sua irmã.

E ainda tem uma correntinha igual à da Alice!

Mas Tutu não tem mais tempo a perder. Algumas remadas mar adentro e ele, finalmente, vê:

– Alice!

É Alice quem dá os últimos passos que faltam para os dois se encontrarem. Passos eufóricos! Passos vitoriosos!

– O que você tá fazendo aqui?

Não é uma bronca. Alice está feliz demais para dar broncas. A felicidade da irmã contagia Tutu.

– Olha o que eu trouxe pra você!

Enquanto Alice coloca no pescoço a correntinha e o pingente, ela conta que passou nos testes.

– Óbvio que você ia passar! Eles não são loucos!

– Teve um momento, Tutu, quando percebi que estava sem o meu amuleto da sorte, que fiquei morrendo de medo de não passar.

– Mas ele estava aqui.

Alice não entende o que Tutu acaba de dizer. O próprio Tutu também não entende. Os dois ficam confusos. Tutu não sabe o que dizer. Ou melhor, "não" sobre esse assunto.

– É melhor você atender logo.

– Atender?

– O seu telefone.

Tirando o telefone do bolso, Alice mostra que ele não está... tocando? Espera um pouco! Assim que Alice põe o telefone na palma da mão, ele começa a tocar.

– Que coincidência! É a mamãe. Vou atender!

Que alívio para Tutu Alice ter entendido o que acaba de acontecer como coincidência!

Aproveitando-se da palavra que sua irmã recuperou para ele, "coincidência", Tutu passa a acreditar que ter encontrado uma garota vestida exatamente como Alice ao chegar à Top School! e essa garota ter um pingente exatamente igual ao amuleto da sorte de sua irmã também possa ser coincidência. Pobre Tutu!

TOP SCHOOL!
2
Beleza Roubada

#previously on Top School!...

Um olhar confuso e arregalado por trás dos óculos que mais parecem uma tela de laptop é o máximo que Ivan consegue devolver a Malu diante do que ele está vendo acontecer. Intrigado, com um exército de pulgas atrás das orelhas, ele acompanha os movimentos eletrizados e premeditados da garota linda, de olhos negros e longos cabelos encaracolados e castanhos, enquanto ela escreve essa frase no alto do espelho do armário do seu quarto, com o batom mais rosa-choque e gliterizado que se possa imaginar.

– Como assim, Malu?

Quando finalmente consegue falar, a voz rápida, rouca e cheia e graves e agudos misturados de Ivan não diz muita coisa. Ele já conhece Malu o suficiente para saber que ela fala como se tuitasse, pensa como se blogasse e organiza sua agenda como se fosse uma conta vip do Facebook.

– Pensei que você fosse mais bilíngue, Ivan.

– Não faz a egoísta, Malu! Explica logo!

Malu adorou descobrir essa suposta fragilidade em seu mais novo melhor amigo de infância. Amigo magrelo, multicolorido, de cabelos espetados amarelos e que – diga-se de passagem – tem uma figura forte e frágil ao mesmo tempo. Assim, Malu poderá exercer um pouco mais de sua suposta superioridade sobre ele.

– *Previously* é o que dizem, em *off*, os narradores dos seriados quando vai começar um capítulo novo e os roteiristas querem que quem está assistindo e perdeu algum capítulo acompanhe a história. Quer dizer algo como "antes em...", "anteriormente em...". Entendeu? Ou quer que eu desenhe?

Mesmo sendo tão alimentado por esse arsenal de séries de TV quanto Malu, Ivan nunca tinha notado que era assim que os capítulos começavam.

– Entendi. Eu não sabia que você estava de mudança para uma sitcom!

– Engraçadinho!

Abaixo da palavra em inglês, milimetricamente centralizado, Malu escreve o nome dela da mesma cor e quase com o mesmo destaque que deu à frase/título...

Malu

Depois de encontrar em seu arsenal cosmético as melhores cores que a ajudavam a definir o que ela pensa sobre eles, Malu escreve dois nomes de garotos.

Ben **Guel**

– De boba você não tem nada hein, Malu?

O comentário de Ivan é porque ela escolheu os dois garotos mais gatos para continuar seu mapa da Top School!, a escola de modelos onde ela e Ivan também estudam. E olha que escolher gatos mais gatos no meio dos gatos que foram selecionados para fazer parte da escola de modelos mais badalada do mundo não é tarefa das mais fáceis!

– Claro que não sou boba. Senão eu não teria escolhido você como meu fiel escudeiro.

– Fiel escudeiro? Espera aí!

Não é esse o papel que Ivan pensa ocupar na vida de Malu e muito menos na Top School!.

– "Minoria incluída?"

– Pode ser!

Ivan resolve deixar isso para lá, pelo menos por enquanto. O garoto está se divertindo muito com a encenação de Malu para criar caso com os caprichos dela.

– Azul metalizado para o Ben e marrom-esverdeado para o Guel!

Malu faz questão de corrigir Ivan:

– Azul bélico-metalizado para o Ben, e verde camuflado para o Guel.

Sobre Guel, Ivan também acha o garoto português tão camuflado quanto escorregadio. Mas sobre o Ben...

– Por que o tom bélico-metalizado pro Ben? Você não baba o maior ovo por ele?

– Por isso mesmo. Não posso me deixar levar pela conversinha fiada daquele lobo em pele de príncipe de musical adolescente da Broadway.

Mesmo o ditado não sendo bem assim, "lobo em pele de príncipe de musical adolescente da

Broadway", dá para Ivan entender muito bem o que Malu está falando. O irresistível Ben é mesmo "encrenca"!

– No primeiro time de gatos, tá faltando um gato, Malu.

– Quem?

– O Jako.

Ao ouvir esse híbrido de nome e apelido, Malu junta as sobrancelhas e arremessa um olhar de vilã sobre Ivan.

– Só se for pra você!

E é mesmo! Ivan acha Jako um belo gato.

– Não só pra mim...

Pensando bem, a maioria das garotas e dos garotos que gostam de outros garotos tem a mesma opinião que Ivan: a beleza de Jako costuma impressionar.

– ... põe o nome do Jako nessa linha, vai?

– Não, Ivan!

– Só porque ele é negro?

– Só porque ele é irmão daquela praga cetácea!

Por praga cetácea entenda-se Klau, a garota com a qual Malu ainda está disputando uma das vagas da escola, em regime de quarentena. As duas garotas ficaram empatadas na qualificação da seleção para a escola. Como só há 20 vagas (dez para garotas e dez para garotos), uma delas cairá fora.

– Não "estou" mais aqui quem "falei"!

– Não me atrapalha, Ivan!

E Malu continua:

Alice **Indira** **Mia**

Talvez tenha sido para pôr fim ao assunto que mais a tem perturbado ultimamente (ela ainda estar disputando a vaga da Top School! com Klau) que Malu resolveu escrever os nomes de Alice, Indira e Mia no espelho. Indira em lilás.

– Que lindo esse tom da Indira!

– Chama lilás enigmático. Essa indiana é muito estranha e perigosa pro meu gosto.

Ivan sente um arrepio. Ele também acha Indira estranha, mas...

– Por que perigosa?

– Parece que a Indira tá sempre fugindo.

Malu escreveu os nomes "Alice" e "Mia" em um tom de rosa estrategicamente inferior ao seu.

– Que rosa mais "velório" é esse, Malu?

Malu fez questão de dar aos nomes das duas garotas mais lindas da escola, e os maiores obstáculos de Malu em seu plano de ser a número um de todo e qualquer universo ao seu redor, o tom de cor-de-rosa mais apático e insignificante que encontrou entre seus batons. Um rosa opaco, sem brilho, sem glamour.

– Espertinha!

– Essas duas estão na minha lista...

O que faz Malu deixar sua explicação suspensa no ar é o susto que ela acaba de levar.

– Que cara é essa, Malu?

Os olhos de Malu estão ainda mais arregalados.

– Os...

– Você o quê?

– ... os... no... no... mes...

Claro que, pela direção em que ela olha, Ivan sabe que Malu está falando sobre os nomes de Mia e de Alice escritos no espelho. Quando o garoto confere o espelho com mais atenção, ele também fica embasbacado e quase cai da poltrona em formato de panda onde está sentado.

– Minha Nossa Senhora das Passarelas! Isso não está acontecendo!

O que está acontecendo, e que tanto Ivan quanto Malu preferiam que não estivesse, é que os nomes de Alice e de Mia ganharam vida no espelho. As letras começam a vibrar, como se fossem entrar em ebulição. E brilham. E ficam incandescentes. E vão mudando de cor. O cor-de-rosa opaco vira vermelho-fogo. O vermelho vira cor de vinho. A cor de vinho vira roxo. E as letras começam a derreter. E a escorrer pelo espelho, como se fossem lágrimas. É isso: as letras para escrever Alice e Mia se transformaram em lágrimas roxas.

Continua...